Die 50 besten
Chaos-
Killer
für Familien

TRIAS

Liebe Leserin,
lieber Leser,

» *Die Dinge sind dazu da, dass man sie benutzt,*
um das Leben zu gewinnen,
und nicht, dass man das Leben benutzt,
um die Dinge zu gewinnen. «

Lü-shih Ch'un Ch'iu

Das Familienleben mit Kindern ist abwechslungsreich, erfüllend und kann wunderschön sein. Mit Kindern kommen viele neue Dinge in unser Leben und unseren Haushalt, mit denen wir als Single oder Paar nicht gerechnet haben. Anfangs stehen Windelboxen und Fläschchen herum. Später wandern Puppen, Autos und Plüschtiere immer genau da hin, wo wir gerade stehen oder sitzen. Wir stolpern über Legosteine im Wohnzimmer und finden Puzzleteile im Bad. Und die Kinderzimmer sind randvoll mit Spielsachen, gerade wenn es liebende Großeltern oder begeisterte Onkel und Tanten besonders gut mit unseren Kleinen meinen. Viele Kinderzimmer sind so vollgestopft, dass es den Kindern schwerfällt, ein Spiel auszuwählen, weil sie das Gesuchte gar nicht mehr finden oder durch die Fülle überfordert sind.

Sobald die heimische Unordnung, der Wust an herumliegenden Dingen beginnt, uns zu ärgern oder gar zu erdrücken und zu einem chaotischen Leben führt, wird es Zeit, daran etwas zu ändern. Sie spüren das etwa daran, dass das Zuviel an Dingen Sie immer mehr stresst und Ihnen die Lebensfreude abhandenkommt.

Durch meine Arbeit als Aufräumcoach kenne ich, Rita Schilke, diese Probleme zur Genüge. Hier plaudere ich »aus dem Nähkästchen« und lasse Sie teilhaben an meinen Tricks und Tipps, mit denen ein chaosfreies Leben gelingen kann. Dabei geht es vor allem um das Wohlfühlen in unseren vier Wänden (neudeutsch: Hygge), ohne dass das gleich in Minimalismus ausarten muss.

Wo stehen Sie gerade? Ein kurzer Chaos-Check hilft Ihnen bei der Einschätzung. Kennen Sie eine oder auch mehrere der folgenden Situationen?
- In Ihrer Wohnung sind in allen Zimmern sowie in Bad und Küche Spielsachen verteilt.
- Sie kaufen sich ein neues blaues Hemd, weil Sie ihr altes nicht mehr finden oder nicht mehr wissen, dass Sie bereits drei blaue Hemden gleichen Schnitts haben.
- In Ihrem Kleiderschrank ist der Platz äußerst knapp. Blusen kommen ganz verknittert zum Vorschein und müssen vor dem Anziehen erst gebügelt werden.
- In Ihrem Schlafzimmer liegen neben Spielsachen überall Bücher und Zeitschriften herum, stapeln

sich auf dem Boden oder sogar schon auf Ihrem Bett.

- Das Kinderzimmer ist randvoll mit Spielsachen. Puppen, Plüschtiere und Bausteine konkurrieren um Aufmerksamkeit. Zum Aufbauen und Spielen ist dort aber gar kein Platz mehr.
- Sie haben das Gefühl, mit dem Aufräumen gar nicht mehr hinterherzukommen. Kaum haben Sie einen Anlauf zum Aufräumen genommen, sieht es schon wieder aus, als hätte eine Bombe eingeschlagen.
- Sie verbringen jeden Tag mindestens zehn Minuten mit Suchen.
- Wenn sich Besuch ankündigt, bekommen Sie einen Schreck.
- Das Rezept, das Sie sich herausgesucht haben, können Sie gar nicht kochen, weil in der Küche zu viel rumsteht und in den Schränken Chaos herrscht.
- In Ihrem Bücherregal ist kein Platz für ein neu gekauftes Buch; die Bücher stehen sogar schon in zwei Reihen hintereinander.

Wenn Sie mindestens zwei der Situationen kennen, sollten Sie an eine gezielte, systematische Aufräumaktion denken und sich von unseren Chaos-Killern inspirieren lassen.

Mit unseren 50 besten Chaos-Killern erhalten Sie kurz und bündig Tipps für die zentralen Bereiche Ihres Familienlebens. Alle Chaos-Killer sind in der Praxis erprobt und führen unmittelbar zu einem positiven und nachhaltigen Ergebnis.

Wenn Sie sich gemeinsam mit der ganzen Familie Schritt für Schritt auf das Aufräumen und Ausmisten einlassen, wird das Chaos bei Ihnen keine Chance mehr haben.

Sie können das vorliegende Büchlein von vorn bis hinten durchlesen oder auch einfach irgendwo aufschlagen und direkt einen Tipp ausprobieren. Jeder einzelne Chaos-Killer ist superleicht umzusetzen. Im Service-Teil finden Sie eine Auswahl von Internetadressen, weiterführende Literatur sowie den Vorschlag einer Ablagesystematik für Ihre Unterlagen.

Ein aufgeräumtes Zuhause, in dem die Dinge ihren festen Platz haben, und ausgeglichene Eltern, die nicht unter dem Chaos leiden, vermitteln ihren Kindern Sicherheit und Rückhalt auf ihrem Weg ins Leben. Dazu laden Sie die 50 besten Chaos-Killer ein.

Wir wünschen viel Vergnügen beim Lesen und freudige Tatkraft beim Umsetzen!

Aufräumcoach Rita Schilke & Angelika Jürgens

Ein paar Basics

Die Grundlagen der Chaosbekämpfung

Sie wollen das Chaos in der Wohnung beseitigen und wissen nicht so recht, wie Sie vorgehen sollen? Die folgenden Tipps helfen Ihnen dabei.

Bevor es richtig losgeht, vergegenwärtigen Sie sich am besten einige Grundlagen der Chaosbekämpfung.

Denken Sie positiv

Malen Sie sich aus, was alles besser wird, wenn Sie erfolgreich aufgeräumt und geordnet haben:

- Ihre Wohnung strahlt Harmonie und Ästhetik aus.
- Sie finden Dinge schneller.
- Sie und Ihre Kinder können wieder spontan Freunde einladen.
- Sie fühlen sich selbstbewusster, wenn Sie Ihre Ziele erreicht haben.
- Als Familie werden Sie herausfinden, was für Sie, Ihren Partner und Ihre Kinder wirklich wichtig und

notwendig ist. Dann können Sie Ihre Wohnung, Ihr
Haus dementsprechend gestalten.

Verwandeln Sie das Negative

Verwandeln Sie negative Gefühle in positive Gedanken. Also nicht: »Ich schaffe das nie mit dem Aufräumen«, sondern eher »Na, vielleicht räume ich heute
sogar noch die zweite Schublade auf.« Trennen Sie
sich von Erinnerungsstücken, deren Zeit abgelaufen
ist, etwa Geschenke aus beendeten Partnerschaften.
Das kann ungemein befreien und offen für Neues machen, in jeder Hinsicht.

Finden Sie den richtigen Anfang

Setzen Sie sich für zwei, drei Minuten in Ruhe hin, schließen Sie die Augen und spüren Sie nach: »Welcher Bereich unserer Wohnung belastet mich am meisten?« Nehmen Sie sich dafür wirklich etwas Zeit und gehen Sie dabei gedanklich durch Ihre Wohnung. Schreiben Sie auf, welche »Baustellen« Ihnen einfallen. Das hilft Ihnen, sich zu entscheiden, in welchem Raum Sie anfangen wollen. Treffen Sie eine Entscheidung und wählen Sie dann in diesem Raum einen klar abgegrenzten Bereich, z. B. eine Schublade aufräumen oder den Boden freiräumen, und starten Sie hier mit Ihrer Aufräumaktion. Fangen Sie also dort an, wo Sie »der Schuh am meisten drückt«. Und lassen Sie sich davon nicht mehr abbringen!

Bleiben Sie realistisch

Setzen Sie sich realistische und erreichbare Ziele: Nehmen Sie sich also jeweils nur einen Schrankbereich, ein Regalfach zum Aufräumen und Aussortieren vor und nicht gleich alle Schränke oder gar die ganze Wohnung oder den kompletten Keller. So ein Riesenberg Arbeit wäre zu viel und hindert uns oft daran, wirklich anzufangen.

Sorgen Sie für genügend Stauraum und Ablageflächen

Klar werden die Dinge immer mehr, je besser wir sie in unserer Wohnung unterbringen können. Aber wenn es in einer schicken Designer-Wohnung nicht genügend Schrankraum für die Kleidung gibt und Regale für die Bücher fehlen, wird es schwierig mit der aufgeräumten Harmonie. Und wenn im Kinderzimmer die Spielsachen auf dem Boden herumliegen, ist kein Platz mehr, ein Spiel auch wirklich zu spielen.

Überlegen Sie also vorab, wie dimensioniert Sie Schränke, Regale und Kommoden in Ihrer Wohnung haben und was Sie evtl. ergänzen wollen. Seien Sie sich klar darüber, dass Sie nur so viele Dinge besitzen können, wie Sie auch unterbringen können. Akzeptieren Sie dann, dass damit der Ihnen zur Verfügung stehende Stauraum begrenzt ist. Alles Überflüssige sollten Sie aussortieren und zwar so, dass immer noch ein wenig Raum »zum Atmen« bleibt.

Besorgen Sie sich das nötige Equipment

Die einzige Ausstattung, die Sie brauchen, sind große Mülltüten oder Kartons, in die Sie alles, was Sie ausmisten – ob zum Verschenken, Spenden oder Wegwerfen – packen können.

Planen Sie in Ihrem Kalender einen festen Termin ein

Planen Sie für sich und Ihre Kinder einen festen Termin zum Aufräumen ein, genauso wie einen Termin beim Friseur oder Zahnarzt, z. B. »Samstag, 14 Uhr: Schuhschrank oder ein Fach meines Kleiderschranks aufräumen«. Das kann helfen, das zuweilen so unangenehme Thema des Aufräumens endlich anzugehen.

Wenn Sie einen Termin erst einmal eingetragen und mit sich selbst vereinbart haben, haben Sie den wichtigsten Schritt schon getan. Sorgen Sie dafür, dass Sie für diesen Zeitraum ungestört bleiben. Planen Sie für Ihre Kinder kleine Aufgaben mit ein oder – wenn diese noch sehr klein sind – sorgen Sie für eine stundenweise Betreuung.

Nehmen Sie sich nicht zu viel Zeit auf einmal vor. Maximal drei Stunden reichen, mit Kindern zusammen genügt schon eine halbe Stunde.

Lassen Sie sich nicht ablenken

Arbeiten Sie beim Aufräumen konzentriert an einer Schublade, an einem Regalfach. Lassen Sie sich nicht ablenken und verzetteln Sie sich nicht. Das wurde Energie vergeuden. Es ist wesentlich effektiver, sich weniger vorzunehmen und dadurch Freiraum für Kreativität und Erholung zu schaffen. Wenn die Kinder mitmachen oder für die Zeit des Aufräumens gut versorgt sind, geht das leichter.

Bleiben Sie dran und halten Sie durch

Wenn Sie mit dem Aufräumen und Ausmisten angefangen haben, ist ein großer Schritt getan. Wie beim Sport ist es wichtig, nun auch dranzubleiben und durchzuhalten, bis Sie Ihr Ziel erreicht haben. Vereinbaren Sie mit sich selbst gleich den nächsten Termin. Danach ist wieder mehr Zeit für Unternehmungen mit der ganzen Familie.

Seien Sie ein Teamplayer

Einen Freund oder eine Freundin, also eine wohlwollende, unterstützende Person als Hilfe hinzuzuholen, mit der Sie zusammen ausmisten, macht den Anfang leichter.

Oder verteilen Sie die Aufgaben des Aufräumens in Ihrer Familie. Sie müssen nicht alles allein stemmen.

Setzen Sie auf Musik

Musik und Rhythmus können Sie motivieren und Ihren Kopf frei machen von all dem vielleicht Schweren und Belastenden, das für Sie mit dem Thema Aufräumen verbunden ist. Misten Sie also mit Schwung aus.

Gerade beim Aufräumen mit Kindern und Jugendlichen kann so das gemeinsame Tun richtig Spaß machen.

Bringen Sie die aussortierten Dinge weg

Die ausgemisteten Dinge bringen Sie möglichst unmittelbar nach der Aufräumaktion aus dem Haus und lagern sie nicht mehr irgendwo zwischen. An die Glücksgefühle beim Wegbringen des Ballasts werden Sie sich noch lange erinnern.

Und was bringt das Aufräumen?

Mit diesen Basics im Kopf werden Sie und Ihre Familie mit den 50 Chaos-Killern viel gewinnen, und zwar:

Zeitersparnis: Sie verschwenden keine Zeit mehr mit Suchen, sondern haben mehr Zeit für sich selbst und Ihre Familie.

Wirksamkeit: Die Aufgaben im Familienalltag gehen Ihnen viel leichter von der Hand, weil eine grundlegende Ordnung mit System hergestellt ist. Dazu trägt auch bei, dass Geräte, wie etwa die in der Küche, einwandfrei funktionieren, Ihre Kinder Spielsachen selbst aus dem Regal nehmen und ihre Kleider an Haken selbst aufhängen können. Sie selbst fühlen sich an

Ihrem freigeräumten Schreibtisch wohl und können anstehende Papierarbeiten zügig erledigen.

Kostenersparnis: Sie vermeiden unnötige, doppelte Anschaffungen und kaufen keine Dinge, die Sie ohnehin nicht brauchen.

Leben im Hier und Jetzt: Sie leben in der Gegenwart, im Hier und Jetzt und werden nicht mehr ständig durch viele herumstehende Erinnerungsstücke an Vergangenes erinnert. Das gibt Energie und Kraft und richtet den Blick nach vorn.

Innere Ordnung: Je mehr die Ordnung in Ihrem äußeren Umfeld zunimmt, desto stärker strahlt diese auch auf Ihr Inneres aus. Innere Ordnung und Ausgeglichenheit nehmen zu.

Gelassenheit: Wenn Sie Dinge loslassen, verändern Sie konstruktiv Ihr Leben und gewinnen Gelassenheit gegenüber Veränderungen überhaupt.

Positives Vorbild: Indem Sie Ordnung halten und mit den Kindern zusammen aufräumen, geben Sie ihnen Wichtiges für ihr weiteres Leben mit.

Wohlgefühl: Ein Leben ohne Plunder und Gerümpel fühlt sich einfach entlasteter und besser an. Das Leben wird im wahrsten Sinn des Wortes leichter. Sie werden sich befreiter fühlen und haben wieder Lust und Freiraum für gemeinsame Unternehmungen mit Ihrer Familie.

Die 50 besten
Chaos-Killer
für Familien

Es geht los

Aufräumen wäre dringend notwendig – aber irgendwie fehlen Ihnen Kraft und Inspiration? So besiegen Sie den inneren Schweinehund.

Auf den folgenden Seiten geben wir Ihnen ganz grundsätzliche Tipps zum Aufräumen: Wenn Sie zuerst ein Bild Ihrer aufgeräumten Wohnung entwickeln, fällt das Anfangen oft leichter. Dann geht's ans Werk, am besten mit der ganzen Familie. Und zum Schluss gibt es eine Belohnung für alle.

1 Entwickeln Sie ein Zukunftsbild

Entwickeln Sie gemeinsam mit der ganzen Familie ein Zukunftsbild, das so konkret wie möglich beschreibt, wie die einzelnen Räume Ihrer Wohnung im aufgeräumten Zustand aussehen werden und auf was es den einzelnen Familienmitgliedern dabei besonders ankommt.

Legen Sie dafür eine Mappe an oder – noch besser – hängen Sie eine Pinnwand auf, wo alle Familienmitglieder Bilder, Ideen und konkrete Wünsche sammeln, die sie als kraftvoll inspirierend für eine schöne Ordnung empfinden. Wichtig ist, dass Sie dabei die Form und Gestaltung für sich und Ihre Familie finden, die genau für Sie passt. Ein solches Zukunftsbild könnte z. B. aus folgenden Elementen bestehen:

- Im Wohnzimmer sind die Böden von Spielsachen und Zeitschriften freigeräumt. Bücher stehen in einfacher Reihe in den Regalen. Einzelne, ausgewählte Stücke, wie etwa eine schöne Vase mit Blumen, stehen auf der ansonsten freigeräumten Kommode.
- Im Flur ist genug Platz für die tägliche Kleidung und Schuhe. Ansonsten steht aber nichts herum.
- Im Kinderzimmer sind die Spielsachen so verstaut, dass die Kinder sie leicht erreichen und selbst aus-

wählen können. Es gibt genügend Platz, um Burgen, eine Lego-Stadt, die Holzeisenbahn oder eine Höhle aus Stühlen und Decken aufzubauen.

Sie werden spüren, dass diese Bilder alle in der Familie motivieren und Ihnen den nötigen Anstoß geben, mit dem Aufräumen wirklich anzufangen und so lange durchzuhalten, bis das gewünschte Ziel erreicht ist.

2 So gehen Sie beim Aufräumen vor

Mit dem Aufräumen ist es wie mit dem Autofahren, bestimmte Abläufe kehren immer wieder. Egal, was Sie gerade aufräumen wollen, folgende Tipps können Sie immer anwenden:

- Beginnen Sie dort, wo Sie das Problem mit dem Aufräumen am drängendsten erleben.
- Nehmen Sie sich einen klar abgegrenzten Bereich vor, z.B. den Einbauschrank im Flur oder auch nur einen einzigen Ordner, eine Schublade.
- Räumen Sie alles aus, um einen Überblick über die Dinge zu bekommen.
- Überlegen Sie bei jedem Teil einzeln, ob Sie es wirklich benötigen und auch benutzen.
- Machen Sie so lange weiter, bis Sie das gesetzte Ziel erreicht haben. Lassen Sie sich nicht unterbrechen oder ablenken.
- Machen Sie Ihre Entscheidungen nicht wieder rückgängig.

- Überlegen Sie beim Entscheiden, wie eine gute Freundin die Leggins oder das Tigerkleid beurteilen würde oder ein Freund den Stapel mit ausgedienten Laptops.
- Würdigen Sie den Wert, den z. B. ein Brief oder die gemalten Bilder Ihrer Kinder für Sie hatten, freuen Sie sich noch einmal daran und kehren Sie dann zur Gegenwart zurück. Danach können Sie sich leichter trennen.
- Sortieren Sie die Dinge nach Kategorien (Seite 27).
- Sammeln Sie die Dinge, die Ihnen besonders am Herzen liegen, in einer »Schatzkiste« oder geben Sie ihnen einen besonderen Platz in Ihrer Wohnung.
- Räumen Sie dann die verbleibenden Dinge mit System wieder ein.
- Wenn Sie Ihr Aufräumziel erreicht haben, gönnen Sie sich und allen Helfern eine Belohnung, z. B. ein Eis.

3 Setzen Sie auf Teamwork

Ein Grund für Chaos im Familienleben besteht oft darin, dass zu viele Aufgaben an einer Person hängen und von dieser gar nicht mehr zu schaffen sind. Da hilft es, Klarheit darüber zu gewinnen, wer im Haushalt was macht.

Das können Sie als Spiel organisieren: Alle, auch die Kleinen, erhalten Papier und Stifte und schreiben oder malen, was er oder sie macht, z. B. den Tisch ab-

räumen, den Müll rausbringen, die Spülmaschine einräumen.

Dann überlegen Sie gemeinsam, welche Aufgaben Sie
so belassen wollen und wie andere vielleicht ausge-
wogener verteilt werden können:

- Gibt es feste »Ämter«, die Sie an einzelne Familienmitglieder delegieren wollen?
- Welche Aufgaben können Sie nach außen verteilen
  (etwa über Nachbarschaftshilfe, lokale Tauschringe
  oder eine Haushaltshilfe)?

Beziehen Sie bei der Aufgabenverteilung die ganze
Familie mit ein. Beschreiben Sie bei der Übertra-
gung von Aufgaben insbesondere an die Kinder diese
so präzise wie möglich, also nicht allgemein: »Räum
dein Zimmer auf«, sondern »Häng die Jacke in den
Schrank«, »Bring das Geschirr in die Küche und räum
es in die Spülmaschine« usw. Dafür bunt und wit-
zig gestaltete Checklisten können die Kinder abhaken,

KILLER-TIPP

Wenn Sie die Dienste einer Putzfrau in Anspruch
nehmen, werden Sie merken, wie Sie das zur Ordnung erzieht, da vor dem Putzen immer aufgeräumt werden muss. Durch dieses regelmäßige
Aufräumen entsteht automatisch eine höhere
Grundordnung.

denn Kinder sind sehr stolz, wenn sie erleben und andere auch sehen, was sie schon alles allein schaffen.

Wird allen Familienmitgliedern klar, was die einzelnen zur gemeinsamen Ordnung beitragen, so erledigen sie gleich viel entspannter ihre jeweiligen Aufgaben.

4 Die Drei-Stapel-Methode

Immer, wenn Sie ein Schrankfach, eine Schublade oder ein Bücherregal ausmisten und aufräumen, ist es sinnvoll, die Dinge nach Kategorien zu ordnen. Diese Einteilung hilft dabei zu entscheiden, wie Sie weiter mit Ihren Dingen umgehen wollen.

Sehr bewährt hat es sich dabei, Kleider, Bücher, Küchengeräte oder auch Spielsachen auf folgende drei Stapel zu verteilen:

1. behalten (ggf. reparieren)
2. spenden, verschenken oder verkaufen
3. entsorgen

Sie können sich auch Umzugskisten besorgen und die Dinge, um die es geht, dann nach diesen Kategorien auf die einzelnen Kisten verteilen.

Wenn Sie sich zuweilen nicht ganz sicher sind, können Sie bei Bedarf auch noch eine weitere Kategorie einführen:

4. weiß nicht.

Sehen Sie ganz zum Schluss diesen Stapel »weiß nicht« noch einmal durch. Beim zweiten Durchgang betrachten viele ihre Dinge realistischer und sortieren auch diese Gegenstände oder Kleidungsstücke noch zum Weggeben aus. Oder Sie packen alle Weiß-nicht-Kandidaten in eine Kiste und versehen diese mit einem Datum (z.B. in drei Monaten oder einem halben Jahr). Wenn Sie die Dinge bis dahin nicht benötigt haben, können Sie sie getrost verschenken oder entsorgen.

5 Eine Belohnung gehört dazu

Gerade wenn Aufräumen für Sie ein nicht ganz einfaches Kapitel ist, wird es umso wichtiger, dass Sie sich nach einer Aufräumaktion oder auch zwischendurch immer mal wieder belohnen. Das fängt schon damit an, dass Sie sich im Spiegel kurz anlächeln, wenn Sie den Flur aufgeräumt haben oder dass Sie sich einen frischen Blumenstrauß kaufen, nachdem Sie die Kommode freigeräumt und in den Schubladen ein übersichtliches System eingerichtet haben. Oder Sie gönnen sich eine Folge Ihrer Lieblingsserie, nachdem Sie die Werkstatt im Keller auf Vordermann gebracht haben.

Auch für Kinder sind Belohnungen sehr wichtig, neben viel Lob natürlich. Dabei freuen sich Kinder oft schon von sich aus, wenn Sie etwa ohne Hilfe Geschirr vom Tisch abgeräumt haben. Sie können diese Freude mit einer kleinen Liebkosung oder lobenden Worten noch unterstreichen.

Es bietet sich an, Kinder nicht mit Geld zu belohnen. Setzen Sie lieber auf gemeinsame Unternehmungen wie einen Ausflug an den See oder in den Tierpark. So wird die Belohnung ein schönes Gemeinschaftserlebnis für die ganze Familie.

Wichtig ist auf jeden Fall, dass Sie Ihre Aufräumaktion oder die von Partner und Kindern von Herzen wertschätzen und anerkennen, was schon geschafft ist – auch wenn es noch viele weitere »Baustellen« in Ihrem Zuhause gibt.

Spüren Sie deshalb genau nach, wie sich der gewonnene Freiraum anfühlt, wie schön es ist, sich an den freigeräumten Schreibtisch zu setzen oder in der aufgeräumten Küche ein leckeres Menü zu kochen.

Auch dieses bewusste Wahrnehmen und Freuen an dem Erreichten ist schon eine Belohnung.

Lernen Sie loszu-lassen

Wir denken oft, Besitz macht glücklich. Vielleicht deswegen hortet jeder Europäer im Schnitt 10 000 Dinge. Brauchen wir die wirklich alle?

Eigentlich wissen wir, dass wir zu viele Dinge aufheben. Wir spüren das an den überquellenden Schränken und den vollgestopften Kinderzimmern. Trotzdem fällt es vielen schwer, ihr Hab und Gut übersichtlich zu ordnen oder gar sich von Dingen zu trennen. Es besteht eine wahre Angst vorm Loslassen. »Das kann ich sicher irgendwann noch einmal gebrauchen«, denken viele. Oder: »Das war doch teuer.« Und so häuft sich über die Zeit vieles an, was wir für unser Leben eigentlich nicht brauchen.

Wir sollten uns also fragen: Was brauche ich wirklich? Was benutze ich regelmäßig? Bezogen auf konkrete Dinge bedeutet dies:

- Nehmen Sie beim Aussortieren jedes Ding einzeln in die Hand und spüren Sie nach, ob Ihr Herz daran hängt.
- Fragen Sie sich: Wann habe ich es das letzte Mal benutzt, angezogen, damit gespielt?

- Ist es noch voll funktionstüchtig? Fehlt ein Teil? Lässt es sich noch reparieren?
- Entspricht es meinem aktuellen Geschmack und Lebensstil?
- Macht es mich glücklich? Liebe ich es?

Folgende allgemeine Überlegungen helfen Ihnen, Dinge loszulassen:
- Nehmen Sie beim Aussortieren sich evtl. einstellende Gefühle der Trauer und des Abschiednehmens bewusst wahr.
- Konzentrieren Sie sich dann auf das Hier und Heute. Andenken oder Geschenke von lieben Menschen aus der Vergangenheit müssen Sie nicht ewig aufbewahren. Wichtig ist, was Ihnen jetzt gefällt und was Sie wirklich verwenden und gerne tragen.
- Üben Sie den Blick einer anderen Person, etwa einer Freundin oder eines Freundes. Wie würde sie die pinkfarbene Lederhose beurteilen? Was würde er zu Ihrer alten Modelleisenbahn sagen?
- Denken Sie nicht an den Preis, den etwa ein Bildband mal gekostet hat. Dieses Geld ist bereits ausgegeben und Vergangenheit.
- Denken Sie vielmehr an Menschen, die Ihren nicht mehr getragenen Mantel gut gebrauchen können, oder an Kinder, die mit den ausgemusterten Spielen noch gerne spielen.
- Entwickeln Sie ein Zukunftsbild des Freiraums, der Harmonie und schönen Ordnung in Ihrer Wohnung, die Sie nach dem Loslassen genießen wollen.
- Spüren Sie die wachsende Gelassenheit, die der Prozess des Loslassens mit sich bringt.

Leben als Paar und mit Kindern

Wie ordentlich sollte es in der Wohnung sein? Oft prallen verschiedene Vorstellungen aufeinander und müssen unter einen Hut gebracht werden.

Vielleicht haben Sie, Ihr Partner/Ihre Partnerin und Ihre Kinder unterschiedliche Vorstellungen davon, wie ordentlich und aufgeräumt es im Haushalt sein sollte. Wichtig ist deshalb, einen Ordnungsgrad zu finden, der für Sie, Ihre Familie und Ihre aktuellen Lebensumstände passt und sich nicht an von außen vorgegebenen Standards orientiert.

6 Holen Sie die Familie an einen Tisch

Wichtig für das Aufräumen und Ordnunghalten in der Familie ist, dass Sie alle Familienmitglieder für das angestrebte Zukunftsbild an einen Tisch holen. Jede und jeder kann dann ihre/seine Wünsche und Vorstellungen bezüglich Ordnung, Wohlfühlen und Harmonie darlegen (Seite 22). Im Anschluss daran machen Sie

einen Plan, was grundsätzlich zu verändern ist und wer welche Aufgaben übernehmen könnte. Auch das besprechen Sie wieder gemeinsam am Familientisch. Wenn alle am Entscheidungsprozess beteiligt sind, werden auch alle die möglichen Neuerungen leichter akzeptieren und unterstützen. Denken Sie stets an die Belohnungen für die Kinder und auch für sich selbst (Seite 28).

Ein paar weitere Tipps erleichtern das »ordentliche« Familienleben:

- Gewöhnen Sie Ihre Kinder an kurze Aufräumzeiten bzw. beziehen Sie sie regelmäßig ins Aufräumen mit ein. Im Anschluss daran machen Sie gemeinsam etwas Schönes, z. B. Vorlesen oder Spielen.
- Verlassen Sie die Wohnung niemals mit leeren Händen, nehmen Sie also immer Restmüll, Altpapier

oder Verpackungsmüll mit. So können sich gar keine großen Chaosstapel bilden.

- Bitten Sie Ihre Verwandten, Geschenke an die Kinder zu reduzieren. Meistens sind nämlich die Kinderzimmer dicht bevölkert mit Puppen, Plüschtieren und Bausteinen. Gespielt wird oft nur mit ganz Wenigem. Regen Sie an, dass Oma und Opa, Onkel und Tanten stattdessen lieber eine gemeinsame Unternehmung, z. B. einen Besuch im Kino oder in einem Erlebnisbad, verschenken.

7 Aufräumen kinderleicht

Das Beste, was Sie für Ihre Kinder im Zusammenhang mit dem Thema »Aufräumen« tun können, ist, von klein auf mit ihnen gemeinsam aufzuräumen und Alltagsaufgaben spielerisch zu gestalten. Dadurch wird für die Kinder auf liebevolle Weise das Schöne der Ordnung unmittelbar erfahrbar. Und natürlich hilft es sehr, wenn Sie selbst vorleben, wie Sie immer wieder Ordnung herstellen und diese auch halten.

Ankerpunkte für Kinder können sein, wenn es im Kinderzimmer verschiedene, klar abgegrenzte Zonen gibt, z. B. eine Leseecke, einen Bauplatz, das Puppenhaus. Offene Kisten und Körbe helfen zusätzlich, dass die Ordnung immer wieder hergestellt wird.

Aber Kinder können – dem jeweiligen Alter entsprechend – noch sehr viel mehr zur Ordnung im Familienhaushalt beitragen:

- Kinder mit zwei bis vier Jahren können u. a. Spielzeug in Kisten räumen und Wäsche in den Wäschekorb werfen.
- Mit fünf bis acht Jahren können Kinder schon selbst ihr Spielzeug sortieren, Wäsche sortieren und die saubere Wäsche einräumen.
- Mit neun Jahren können Kinder ihr Bett selbst beziehen und kleinere Hausarbeiten (wie Waschbecken putzen oder Staubsaugen) übernehmen.

Wichtig ist, dass Sie das am Anfang mit den Kindern gemeinsam tun und ihnen dann mehr und mehr die Aufgaben zur selbstständigen Erledigung übertragen. Dazu gehört auf jeden Fall, sich für die Mithilfe bei den Kindern immer auch zu bedanken. Und natürlich gibt es immer wieder auch eine Belohnung.

8 Der erste Eindruck zählt – Chaos-Killer für den Flur

Der Eingangsbereich ist die Visitenkarte unseres Zuhauses. Hier bekommt ein Gast den ersten Eindruck von unserem persönlichen Umfeld. Hier werden die Familienmitglieder morgens verabschiedet oder abends begrüßt. Leider gleicht mancher Flur einem Hindernisparcours, auf dem man sich zwischen Schuhen, Bobbycar und Telefonkabeln zum Ausgang kämpft.

So bekommen Sie dieses Chaos in den Griff:

- Nur die regelmäßig benutzten Schlüssel hängen Sie an ein Schlüsselbrett oder legen Sie in eine schöne Schale. Die restlichen Schlüssel können, ggf. mit beschrifteten Anhängern, in einer Schublade verschwinden.
- Mäntel und Jacken, die – je nach Jahreszeit – getragen werden, hängen an Haken oder in einem kleinen Schrank. Praktisch ist es, für die Sachen der Kinder Haken in einer Höhe anzubringen, die sie auch selbst erreichen können. Die übrige Garderobe findet im Kleiderschrank Platz.
- Schuhe können in speziellen Schuhschränken verstaut werden. Sie sind schmal und nehmen nicht viel Platz weg. Oder räumen Sie die Schuhe in einen Einbauschrank, der in einer Nische des Flurs Platz gefunden hat.
- Schön ist ein kleines Sideboard, auf dem das Telefon und ggf. der Router (mit den Kabeln dahinter) steht und sonst nichts!
- Lassen Sie im Flur viel Freiraum für das Ankommen nach einem langen Tag, für das Begrüßen und Verabschieden Ihrer Gäste oder für entgegengenommene Pakete für die Nachbarn.
- Helle Wandfarbe und großflächige Spiegel können den oft engen Raum optisch vergrößern.

9 Ein Wohnzimmer für alle

Mittelpunkt der Wohnung ist das Wohnzimmer, in dem sich alle Familienmitglieder wohlfühlen und gerne aufhalten. Abendliche Lesestunden auf dem Sofa oder fröhliche Runden mit Freunden um einen Esstisch werden so zu schönen Erinnerungen.

Ein erster Schritt für mehr Ordnung im Wohnzimmer ist, sich darüber klar zu werden, was genau in diesem Raum geplant ist:

- Soll hier das Klavier der Tochter stehen?
- Versammeln sich hier abends die Kinder vor dem Fernseher zum Sandmännchen?
- Steht hier ein Esstisch, an dem Gäste bewirtet werden?
- Soll die eigene Bibliothek hier ihren Platz finden?

Entsprechend dieser Vorstellungen, am besten mit der ganzen Familie besprochen, checken Sie den vorhandenen Platz und überlegen, ob Sie evtl. Möbel für genügend Stauraum ergänzen wollen oder ob Sie sogar auf Möbel verzichten können. Das ist natürlich auch abhängig von den räumlichen Gegebenheiten, d. h. ein großer Esstisch, wenn viele Gäste erwartet werden, hinreichend Regalbretter, die die Bücher aufnehmen usw. Nur, wenn Sie alle Dinge, die Sie im Wohnzimmer unterbringen wollen, auch gut verstauen können, kann Ordnung hergestellt werden. Freilich sollten Sie das Wohnzimmer nicht mit Möbeln vollstellen. Ein gesundes Augenmaß, das den Bedürfnissen aller Familienmitglieder entspricht, ist also angeraten.

Spätestens am Abend sollte das Wohnzimmer zur spielsachenfreien Zone werden. Lassen Sie die Kinder alle evtl. noch herumliegenden Bären, Puppen und

Spielzeugautos in einem Korb sammeln (oder tun Sie das selbst, wenn die Kinder noch sehr klein sind) und bringen Sie diesen für seinen Einsatz am nächsten Tag ins Kinderzimmer. So können Sie Ihren Feierabend richtig genießen.

10　So bewältigen Sie die Bücherwand

Für manche Menschen stellt das Aussortieren von Büchern eine große Herausforderung dar, denn Bücher sind für sie lebenslange Begleiter und stehen zuweilen für bestimmte Phasen im Leben. Folgende Überlegungen helfen, sich mit dem Thema »Bücher« zu befassen:

- Wie viel Raum möchte ich Büchern in meiner Wohnung geben?
- Wie viel Raum ist in meiner Wohnung dafür vorhanden?
- Gehört eine Bücherwand zu meinem essenziellen Wohlgefühl oder sind Bücher mir doch nicht so wichtig? Sehne ich mich eher nach mehr Platz und Freiraum?

Entsprechend sollten Sie Regale bzw. Bücherschränke dimensionieren. Bei Bedarf besorgen Sie die fehlenden Stellflächen vor einer Aufräumaktion, damit Sie Ihre »Schätze« auch angemessen unterbringen können.

Bücher sollen gut zugänglich sein, damit Sie einzelne Exemplare schnell finden. Die alphabetische Sortierung hat sich bewährt, aber auch die Ordnung nach

Themen oder Genres (Belletristik, Sachbücher, Reisen) ist geeignet.

Sortieren Sie die Bücher nach »Ihrem« System ein und nehmen dabei ein Buch nach dem anderen einzeln in die Hand und prüfen jeweils:

- Ist es ein Geschenk, das ich mir selbst nie ausgesucht hätte?
- Interessiert es mich noch?
- Ist das Thema noch relevant, aktuell?

Sie werden sehen, von vielen Büchern können Sie sich so leichten Herzens trennen.

Stellen Sie die Regale mit Büchern nicht komplett voll, sondern lassen Sie immer noch ein wenig Platz »zum Atmen«. Buchstützen helfen dabei.

KILLER-TIPP

Ein besonderer Fall sind Bücher aus vergangenen, möglicherweise gar nicht abgeschlossenen Lebensphasen. Wollten Sie z. B. mal Medizin studieren und haben deshalb immer noch die (mittlerweile veralteten) Lehrbücher in Ihrem Regal stehen, die Ihnen ein Freund aus vergangenen Tagen mal geschenkt hat? Dann bedeutet das Aussortieren auch den heilsamen Abschied von vergangenen Lebensträumen, der uns erleichtert. Es entsteht Platz für Vorhaben und Pläne in Gegenwart und Zukunft.

Die Sachen der anderen

In vielen Familien treffen Sammler und Aufräumer direkt aufeinander. Da sind Konflikte vorprogrammiert. Wie lassen sie sich entschärfen?

Kennen Sie das? Während die eine großen Wert auf Freiraum, Übersichtlichkeit und ästhetische Anordnung ausgewählter Dinge legt, ist der andere ein passionierter Sammler von Automodellen oder Musikinstrumenten, dem Übersichtlichkeit und Ordnung nicht so wichtig sind. Zusätzlich ist häufig Kinderspielzeug über die ganze Wohnung verteilt.

Seien Sie sich klar darüber, dass Sie eine andere Person nie durch Druck von außen ändern können. Menschen ändern sich dann, wenn sie selbst es wollen. Werfen Sie auf keinen Fall Dinge ungefragt weg. Sonst ist der Ärger absehbar. Das gilt auch für die Spielsachen der Kinder.

Als Erstes hilft es, wenn es klar abgegrenzte Reviere mit festgelegten Zuständigkeiten gibt. Innerhalb seines Reviers kann ein Familienmitglied zunächst einmal nach Belieben schalten und walten (Seite 90).

Schaffen Sie einen Anreiz für ein aufgeräumtes Zuhause, indem Sie selbst mit gutem Beispiel vorangehen. Wenn ein Familienmitglied mit dem Ausmisten beginnt, werden oft auch Partner und Kinder davon »angesteckt« und bekommen Lust, sich von Überflüssigem zu befreien.

Bittet Sie dann Ihr Partner oder Ihre Partnerin um Hilfe beim Aufräumen, nehmen Sie jedes einzelne Teil nacheinander in die Hand, halten es hoch und stellen Fragen wie: »Brauchst Du das? Wofür? Warum? Wann zum letzten Mal? Was wäre, wenn das … nicht mehr da ist?« Erkunden Sie gemeinsam, wie realistisch die dann evtl. geäußerten Befürchtungen wirklich sind (»Ohne die alten Zeitschriftenartikel verliere ich komplett den Anschluss. Ich habe die Information nicht mehr, werde sie nie mehr von irgendjemand anderem bekommen, keiner wird mir dann helfen.«). Das einmal durchzuspielen führt meist zu einem befreienden Lachen und oft auch zu einer aufgeräumteren Wohnung.

Übrigens: Diese Arbeitsweise entspricht dem Vorgehen eines Aufräumcoachs, der so beim Aussortieren und Ausmisten hilft.

11 Kinderzimmer frei von Chaos

Unordnung stört Kinder erst mal gar nicht. Wenn sie etwas bauen, wollen sie später weiterbauen oder sich daran erinnern, meint die analytische Kinder- und Jugendlichentherapeutin Bettina Berghöfer. Die Aufmerksamkeit von Kindern ist, anders als bei Erwachsenen, mehr darauf ausgerichtet, was im Moment für sie wichtig ist. Ab dem Alter von drei bis vier Jahren wirkt ein ritualisiertes Aufräumen zusammen mit den Kindern, z. B. abends vor dem Schlafengehen, sehr prägend, rät Berghöfer.

Wichtig ist, dass es im Kinderzimmer feste Plätze gibt, wo die Bauklötze nach dem Spielen eingeräumt werden, die Teddys und Puppen ihren Platz finden oder die Ritterburg aufgebaut eine Weile stehen bleiben kann. Spielsachen sollten also spätestens abends wieder zurück ins Kinderzimmer wandern und nicht über die ganze Wohnung verteilt bleiben. Praktisch sind hier transparente Kisten und Stapelboxen.

Wenn Ihre Kinder älter werden, können Sie mit ihnen gemeinsam besprechen, welche Spiele oder Plüschtiere sie aussortieren wollen, weil sie mit ihnen gar nicht mehr spielen. Oft wird das schon dadurch deutlich, dass die unbeliebten Puppen im Schrank weit hinten oder unter dem Bett verschwunden sind. Auf keinen Fall sollten Sie etwas wegwerfen, ohne das vorher mit Ihrem Kind zu besprechen.

KILLER-TIPP

Ab einem bestimmten Alter können Kinder selbst für Ordnung im Kleiderschrank sorgen. Versehen Sie dafür die einzelnen Fächer mit selbstklebenden Schriftbändern oder gezeichneten Symbolen, z. B. »T-Shirts«, »Pullover«, »Unterwäsche«, »lange Hosen«, »kurze Hosen« usw. Dafür gibt es praktische Beschriftungs- bzw. Etikettiergeräte oder noch einfacher Kreppklebeband bzw. beschreibbares Klebeband.

Kinderbekleidung sollten Sie ungefähr alle halbe Jahre zusammen mit Ihrem Kind durchsehen. Kinder wachsen so schnell aus ihren T-Shirts, Hosen und Sweatshirt raus. Und Kleidung, die nicht mehr passt, brauchen Sie nicht aufzuheben.

Lassen Sie Kinder in ihrem Zimmer selbst entscheiden, was wohin kommt. Dadurch lernen sie, Verantwortung zu übernehmen. Die Augen Ihrer Kinder werden strahlen, wenn ihr Zimmer wieder ordentlich ist.

12 Ein Spiel zur Chaosbekämpfung

Ein kurzweiliges Spiel für die ganze Familie bringt buchstäblich Bewegung in die zu vielen Sachen. Voraussetzung ist, dass die Kinder schon etwas größer sind, um selbst entscheiden zu können.

So geht's: Alle bekommen eine große Mülltüte und eine halbe Stunde Zeit, in der die Tüten im eigenen Zimmer mit Dingen gefüllt werden, die nicht mehr gebraucht werden oder verschenkt werden können. Wer zuerst seine Tüte gefüllt hat, hat gewonnen. Für den Sieger gibt es eine besondere Belohnung und für die ganze Familie eine gemeinsame Unternehmung, z. B. einen Kino- oder Schwimmbadbesuch.

Zwei Dinge sind dabei wichtig:

1. Die Kinder entscheiden wirklich selbst, was aus ihrem Zimmer weg kann. Dadurch übernehmen sie Verantwortung.
2. Ihre Empathie ist schnell geweckt, wenn Sie immer mal wieder darüber sprechen, dass andere Kinder weniger haben als sie und sie ihnen mit den aussortierten Sachen noch eine Freude machen können. So trennen sie sich leichten Herzens. Davon können auch wir Erwachsenen lernen.

13 Warum ein aufgeräumtes Schlafzimmer so wichtig ist

Chaos im Schlafzimmer kann sich als wahrer Liebestöter erweisen. Die negativen Auswirkungen sind vielfältig; unruhiger Schlaf und vielleicht sogar Albträume belasten uns. Erholung oder gar erotische Atmosphäre sind ganz ausgeschlossen. Deshalb:

- Räumen Sie im Schlafzimmer als Erstes den Boden komplett frei.

KILLER-TIPP

Wenn Sie es für notwendig erachten, können Sie Originalkartons von Geräten sechs Monate (Datum auf den Karton schreiben) im Keller aufheben (für evtl. notwendigen Austausch bei technischen Mängeln) und dann vernichten. Bei später auftretenden Mängeln kommen Sie problemlos an einen Ersatzkarton. Entscheidend für die Garantie ist in jedem Fall der Kassenbon.

- Machen Sie den Boden staubfrei und achten Sie darauf, dass sich auch nichts mehr auf den Schränken stapelt. Alte Kisten oder Verpackungen von Laptops, Tablets usw. gehören dort nicht hin.

Fernseher und Computer machen mit ihrem blaustichigen, kalten Licht wach statt müde. Sie sollten aus dem Schlafzimmer verbannt werden.

- Schaffen Sie in den Schränken und Regalen Platz (Vorschläge für das Ausmisten des Kleiderschranks finden Sie auf Seite 48).
- Wenn es doch ein paar Bücher mehr sind, die Sie in Reichweite des Bettes haben wollen, können Sie ein kleines Regal aufstellen.
- Für Kleinkram auf dem Nachttisch, z. B. Schmuck, gibt es kleine Boxen aus unterschiedlichem Material, die das Einstauben verhindern.
- Dinge, die Sie behalten wollen, verstauen Sie dann gut und »mit Luft zum Atmen«, d. h. so, dass immer

Wenn Sie konsequent jeden Tag morgens Ihr Bett machen, sind Sie auf einem guten Weg in ein insgesamt geordnetes Leben. Die Wohltat, am Ende eines anstrengenden Tages in ein frisch gemachtes Bett zu steigen, werden Sie spüren.

noch ein wenig Platz übrig bleibt. Diese kleinen frei bleibenden Flächen wirken sich wohltuend auf Ihre Seele und Ihren Schlaf aus und werden Sie aufatmen lassen.

- Wenn Bügelbrett und Wäscheständer unbedingt ins Schlafzimmer müssen, können Sie sie gut neben dem Kleiderschrank verstauen, wenn dort noch ein wenig Platz ist.

14 Welche Kleidungsstücke sind zu viel?

Vielleicht kennen Sie das auch: Eine Bluse kommt ganz zerknittert aus dem Kleiderschrank, weil dieser proppenvoll ist – er platzt buchstäblich aus allen Nähten. Jetzt ist Aussortieren angesagt. Zu einem festgesetzten Termin nehmen Sie sich einen bestimmten Teil Ihres Kleiderschranks vor und räumen diesen komplett aus. Bilden Sie dann vier verschiedene Stapel:

- behalten, ggf. ausbessern
- entsorgen

- verschenken, spenden oder verkaufen
- weiß nicht

Beim Sichten und Verteilen auf die einzelnen Stapel prüfen Sie jedes einzelne Kleidungsstück, nehmen es in die Hand bzw. probieren es an und fragen sich:
- Wann habe ich es zuletzt getragen?
- Ist es noch intakt oder muss etwas ausgebessert werden?
- Sind die Farben verblichen?
- Entspricht es noch dem aktuellen Modetrend?
- Ganz wichtig: Gefällt es mir überhaupt noch?
- Und vor allem auch: Passt es mir noch?

KILLER-TIPP

So stellen Sie fest, ob Sie ein Kleidungsstück lange nicht mehr getragen haben:
- Hängen Sie die Bügel alle in einer Richtung auf. Immer, wenn Sie ein Kleidungsstück anziehen, hängen Sie den Bügel in der anderen Richtung wieder zurück in den Schrank. So wird nach einer Weile auf einen Blick deutlich, welches Ihre Lieblingsstücke sind und welche das ganze Jahr über im Schrank hängen. Die können Sie getrost zur Kleiderspende oder zum Secondhand-Laden bringen.
- Hosen, T-Shirts oder Pullis legen Sie mit der äußeren Faltkante rechts in den Schrank. Nachdem Sie sie getragen (und gewaschen) haben, wandert die Faltkante nach links.

Hilfreich bei der Analyse ist die Frage: Wie viel brauche ich wirklich? Einige Richtwerte könnten sein:
- je drei schöne, kombinierbare Outfits für Job, Freizeit und zum Ausgehen,
- nur Teile von guter Qualität, die mir perfekt passen.

Den Stapel »weiß nicht« sehen Sie ganz zum Schluss noch einmal durch. Beim zweiten Durchgang sind viele realistischer und sortieren auch diese Kleidungsstücke noch zum Weggeben oder Entsorgen aus.

Anschließend räumen Sie alles, was Sie behalten wollen, mit System wieder ein und zwar so, dass immer noch ein wenig Platz bleibt, damit die Ordnung auch bestehen bleiben kann.

15 Ordnung im Kleiderschrank

Eine wesentliche, erste Voraussetzung für die Ordnung im Kleiderschrank ist, dass genügend Schränke und Ablageflächen vorhanden sind. Wenn Sie überzählige Stücke aussortiert haben, sortieren Sie das, was Sie behalten wollen, zunächst nach den Hauptsaisons (Sommer, Winter, Übergangszeit), also nach dicken und dünneren Stoffen. Die Kleidungsstücke der aktuellen Saison sollten immer griffbereit sein. Räumen Sie also z. B. im Sommer die Sommersachen auf Augenhöhe, die Wintersachen ganz nach oben.

Innerhalb jeder Saisonkategorie werden die Kleidungsstücke nach Art (Hosen, Blusen, Sakkos,

⟲KILLER-TIPP

Das hilft gegen die Sockenplage:
- »Einzelgänger« unter den Socken können Sie entsorgen. Meist findet sich der »Partner« sowieso nicht mehr.
- Noch einfacher können Sie es sich machen, wenn Sie sich auf zwei oder drei Sorten Socken beschränken und diese jeweils in einer Box (in großer Stückzahl) sammeln. Geht eine Sorte aus, wird nachgekauft.

T-Shirts) und Farben sortiert. Dies hat den Vorteil, dass Sie so auf einen Blick erkennen »oh, ich habe ja sieben schwarze Blusen mit ähnlichem Schnitt« und sich so leichter von dem ein oder anderen nicht mehr benötigten Teil trennen können.

Für Unterwäsche, Socken und Krawatten gibt es in Kleiderschränken entweder eigene Schubfächer ggf. sogar mit Fachunterteilung oder Sie besorgen sich mit Stoff bezogene oder transparente Boxen unterschiedlicher Größe. Darin können Sie alle Kleinteile übersichtlich verstauen, die Socken selbstverständlich zusammen eingerollt oder zusammengesteckt.

16 Ein Trick für dicke Winterpullis

Dicke Winterjacken und -pullover oder Skisachen, also Kleidungsstücke, die wir nur zu einer bestimmten Saison, etwa im Winter, tragen, nehmen oft viel Platz im Schrank weg.

Dafür gibt es eine geniale, platzsparende Lösung: die Vakuumbeutel. Die Kleidungsstücke werden hineingelegt, über ein Ventil saugen Sie mit dem Staubsauger die Luft ab. Anschließend werden die Beutel luftdicht verschlossen. Die so verpackten Kleidungsstücke nehmen jetzt bis zu 75 Prozent weniger Raum ein! Die im Vakuumbeutel verpackte Kleidung ist geschützt vor Motten, Gerüchen, Feuchtigkeit und Schmutz. Deshalb können Sie die Beutel auch in nicht ganz so trockenen Kellern ablegen. Und es gibt sie sogar mit integriertem Kleiderbügel zum Aufhängen.

Vakuumbeutel sind außerdem geeignet für das Verstauen von Bettdecken oder ähnlichen Textilien. Nur für Leder und Bettwaren aus Federn und Daunen können sie nicht verwendet werden.

17 »One-in, one-out«

Nicht nur für den Kleiderschrank, sondern für viele Bereiche unserer Wohnung ist die »One-in, one-out«-Methode ein gutes Mittel, um Ordnung zu halten und die Dinge, mit denen wir uns umgeben, nicht zu viel werden zu lassen. Sie funktioniert ganz einfach:

Für jedes neue Teil, das Sie kaufen, also z. B. jede neue Bluse oder Hose, für jede neue Zeitschrift, wird ein altes Kleidungsstück, eine alte Zeitschrift entsorgt oder weggegeben. Für etwas Neues, das ins Haus kommt, geht also immer etwas Altes. So bleibt die Anzahl der Besitztümer gleich. Ausgemusterte Kleidungsstücke müssen nicht zwingend in den Müll (Seite 88).

18 Module für Rucksack, Hand- und Aktentasche

Ein echtes Klischee ist die Frau, die ewig in ihrer Handtasche kramt, um den gesuchten Lippenstift, die Schlüssel, die Kopfschmerztabletten oder das Notizbuch zu finden. Aber leider entspricht dies oft der Wirklichkeit. Auch in einem Rucksack oder einer Aktentasche können jede Menge Visitenkarten, Unterlagen, Tablet, Handy sowie Kabel und Sticks für diverse elektronische Geräte durcheinanderpurzeln und das schnelle Auffinden immens erschweren.

Eine einfache Lösung: Besorgen Sie sich kleine, unterschiedlich farbige Reißverschlussbeutel für den Kleinkram und Mappen für die Unterlagen.

Nachdem Sie einmal Handtasche, Rucksack oder Aktentasche komplett ausgeleert und das nicht Benötigte aussortiert haben, können Sie die Inhalte nach

bestimmten Kategorien in diese Module wieder einräumen. Dann gibt es etwa einen Beutel »Kinder« mit
kleinen Spielzeugen, Pflastern, Keksen oder einen
Beutel »Kosmetik« mit Lippenstift und Puder, Module
für »Reise« mit Ticket, Reisepass und Infos zur Auto-
vermietung oder »Elektronik« mit Handy-Kabeln und
-Ladegerät, USB-Sticks, Powerbank und die Kategorie »Gesundheit« mit Tabletten, Arnikakügelchen und
Notfalltropfen.

So werden Sie das jeweils Gesuchte immer schnell finden. Auch das Umräumen von einer Tasche in die andere geht dann ganz fix.

19 Rettung aus der Papierflut auf dem Schreibtisch

Der Schreibtisch ist Ort vieler kreativer Ideen. Hier legen Sie Post und Prospekte ab und bearbeiten Unterlagen. Das führt üblicherweise zu diversen Papiersta-
peln. In Familienhaushalten sammelt sich oft noch
ganz anderes auf dem Schreibtisch an und erschwert
so zunehmend das Arbeiten und den Überblick zu behalten. Dabei ist es besonders wichtig, dass wir Terminsachen nicht verpassen und benötigte Dokumente
nicht untergehen. Ein kleines Maß an regelmäßiger
Disziplin hilft da enorm weiter.

Besorgen Sie sich Ordner zum Abheften und drei Ab-
lagekörbe, in die Sie Ihre Post und Ihre Papiere sortieren nach:

1. noch bearbeiten
2. abheften
3. eilig, dringend, wichtig

Öffnen Sie die Post unmittelbar, nachdem Sie sie aus dem Briefkasten geholt haben, und entscheiden Sie sofort, in welchen Ablagekorb sie gehört. Manches kann auch gleich in den Papierkorb! Mitteilungsschreiben, die nur auf das mitgeschickte Dokument verweisen, können weg. Ebenso können Sie sich von alten Telefonbüchern, Zeitungen, die älter als eine Woche, und Katalogen, die älter als ein Jahr sind, trennen. Auch Gebrauchsanleitungen von Geräten, die Sie gar nicht mehr besitzen, können Sie entsorgen.

KILLER-TIPP

In den Schubladen des Schreibtischs helfen kleinere oder größere Schachteln, diverse Kleinutensilien unterzubringen. Stifte, Büroklammern, Klebestifte, Tesafilm, Radiergummi und Kabel für elektronische Geräte fliegen dann nicht bei jedem Aufziehen durcheinander und können mit einem Griff gefunden werden.
Beschriften Sie Ihre Ordner nach einer durchgehenden Systematik (Seite 99) und füllen Sie sie beim Abheften Ihrer Unterlagen nur zu 80 %. Das erleichtert das Verstauen der Ordner, den Umgang mit ihnen und schont die Mechanik.

Schaffen Sie sich feste Zeiträume, innerhalb derer Sie die Unterlagen, die bleiben sollen, auch wirklich abheften. Räumen Sie den Schreibtisch regelmäßig, z.B. abends, wieder frei. Gewöhnen Sie sich außerdem an eine monatliche Entrümpelungsroutine für den Schreibtisch.

Und schließlich: Bringen Sie an Ihrem Briefkasten den Hinweis »Bitte keine Werbung« an, wenn Sie sich von Anfang an von der Papierflut befreien wollen.

20 Aufräumen digital

Laptop, Handy und Digitalkamera gehören heute zu den wichtigen Gebrauchsgegenständen. Die Zahl der Bilder wächst rasend schnell und auch viele andere Dokumente haben wir heute digital. All das muss sinnvoll abgelegt und archiviert werden. Folgende Schritte helfen dabei:

Der erste Schritt: aussortieren Löschen Sie Dokumente und speicherplatzintensive Fotos, die Sie nicht aufbewahren wollen. Von dem tollen Sonnenuntergang an der Côte d'Azur genügt letztlich **ein** Bild, um den Eindruck und die Erinnerung wach werden zu lassen.

Der zweite Schritt: einsortieren Die dann verbliebenen Dokumente und Fotos werden in Ordnern abgelegt, für die Sie aussagekräftige Namen wählen. Neben einer chronologischen Reihenfolge (Jahreszahlen und

⌐ KILLER-TIPP

Es gibt eine spezielle Software, mit der Sie Ihre
Fotos mit Stichwörtern (Tags) versehen können,
die grob beschreiben, was auf dem einzelnen
Bild zu sehen ist. Das funktioniert für einzelne
Bilder oder auch für mehrere auf einmal. Durch
das Taggen von Bildern können Sie Ihre Fotos
blitzschnell nach Stichwörtern durchsuchen.

darin Ordner für die Monate) ist auch eine themati-
sche Ordnung etwa nach Urlaubszielen oder abgebil-
deten Personen möglich. Wichtig ist, dass die Benen-
nung der Ordner für Sie eine Bedeutung hat und dass
diese sich für den zu sortierenden Fotobestand durch-
halten lässt.

Im Anhang finden Sie einen Vorschlag für eine Ab-
lagestruktur von Dokumenten und Unterlagen, die
Sie auch auf Ihrem Computer anwenden können
(Seite 99).

Der dritte Schritt: archivieren Bei Digitalfotos genauso
wie bei anderen Dokumenten und Dateien ist es sehr
wichtig, die Daten regelmäßig auf externen Speicher-
medien (Festplatte, USB-Stick, CD/DVD, Cloud) zu si-
chern.

Der vierte Schritt: belohnen Die Weiterbearbeitung
von Digitalfotos etwa in Fotobüchern oder kleinen

KILLER-TIPP

Um die E-Mail-Flut in den Griff zu bekommen, ist es hilfreich, sich mehrere E-Mail-Adressen zuzulegen: eine für private und wichtige Korrespondenz, eine für Onlinebestellungen. Die nach einer Bestellung oft eingehenden Werbemails verstopfen dann nicht mehr Ihr Postfach mit den wichtigen Mitteilungen. Bestellen Sie außerdem konsequent alle Newsletter ab, die Sie nicht mehr erhalten wollen.

mit Musik unterlegten Diashows können eine eigene Form der Belohnung sein.

21 Das Badezimmer – Heimat nicht nur für Badeenten

Gerade in größeren Familien sind die Ablageflächen im Badezimmer oft mit Shampoos, Duschgels, Gesichtsreiniger und vielleicht sogar Dekoartikeln vollgestellt. Das ist nicht nur unübersichtlich, sondern hinderlich für das regelmäßig notwendige Putzen. Wenn Sie kleinere Kinder haben, macht Baden mit den diversen Spielzeugtieren sicher viel Spaß. Aber auch dieses Badespielzeug will untergebracht sein. Hier die wichtigsten Tipps für Ordnung im Bad:

- Alle verstaubten Dekoartikel, uralten Shampoos und Duschcremes, also alles, was Sie oder eines der Familienmitglieder nicht (mehr) benutzen, werfen Sie weg.

- Angebrochene Artikel brauchen Sie konsequent auf, wenn Sie wollen, auch die vielen Pröbchen aus Hotels oder der Drogerie, sofern Sie nicht ohnehin von vornherein darauf verzichtet haben.
- Kleinere Artikel finden vorzugsweise in Schubladen oder praktischen Bastkörben, sortiert nach Kategorien, Platz. So können sie nicht umfallen oder kaputtgehen.
- An Haken, die Sie an der Tür befestigen, können Sie Bademäntel, Nachthemden und Schlafanzüge hängen.
- Es empfiehlt sich, Badezimmerspielzeug abwechselnd zu benutzen, damit die Schar der Seepferdchen und Plastikpinguine nicht zu groß wird.
- Die nassen Badespielsachen der Kinder können Sie in einen Plastikkorb legen, in dem sie abtropfen können.
- Kaputtes und schimmeliges Badespielzeug entsorgen Sie selbstverständlich umgehend.

22 Küche im Fokus

Die Küche ist einer der meist genutzten Räume in unseren Wohnungen. Umso wichtiger ist es, dass hier alles ordentlich und aufgeräumt ist.

Räumen Sie Schrankfach für Schrankfach, Schublade für Schublade aus und sortieren Sie die Dinge nach folgenden Kriterien:

KILLER-TIPP

So halten Sie Ordnung in der Küche:
- Benutztes Geschirr immer gleich reinigen, in die Spülmaschine oder per Hand.
- In einem Geschirrabtropfkorb können größere Töpfe schon mal vortrocken. Damit spart man vielleicht sogar das Abtrocknen.
- Alles, was auf der Herdplatte verschüttet wurde, wischen Sie sofort oder spätestens nach dem Ende des Kochens weg. Andernfalls ist es viel schwerer zu entfernen.

- wird oft benutzt, gefällt mir → aufheben
- ist defekt → reparieren oder entsorgen
- ist doppelt, wird nicht benötigt → verschenken, verkaufen.

Dann geht es ans Einräumen:
- Plastiktüten nehmen in Schränken und Schubladen oft sehr viel Platz weg, der für anderes besser genutzt werden könnte. Maximal zehn Plastiktüten oder noch besser Stofftaschen reichen vollkommen aus.
- Ablageflächen sollten Sie so weit wie möglich freiräumen, damit Sie auf ihnen Speisen zubereiten können. Nicht täglich benutzte Küchengeräte verstauen Sie am besten in Schränken und Schubladen.
- Auch Essig und Öl verschwinden im Schrank. Sie sind oft lichtempfindlich und dort besser aufgehoben.

- Gewürze sollten, wenn möglich, alphabetisch sortiert in einem kleinen Regal oder herausziehbaren schmalen Schrank stehen, damit sie übersichtlich griffbereit sind.
- In einem Regal finden die Kochbücher Platz. Sortieren Sie die Kochbücher aus, in die Sie im letzten Jahr nicht geschaut haben.
- Größere Töpfe und Geräte stehen weiter unten oder in der Vorratskammer. Nicht häufig benutzte sehr große Töpfe, Fonduetopf und Raclettegrill können auch im Keller abgestellt werden.
- Alles, was keinen Deckel hat, und Deckel ohne Topf fliegen raus.

23 Einsatzort Vorratskammer

Besonders für Familien mit Kindern bietet es sich an, von bestimmten Dingen etwas mehr Vorräte anzulegen: Grundnahrungsmittel, Tiefkühlkost, Toilettenartikel, Windeln usw. Schön, wenn es eine eigene Vorratskammer gibt. Aber auch Schränke in Küche, Flur oder im Keller eignen sich gut dafür. Leider verlieren wir zuweilen den Überblick über unsere Schätze. Ein paar einfache Maßnahmen helfen, dem Chaos Einhalt zu gebieten:

- Kaufen Sie nur die Vorräte, die Sie und Ihre Familie in 14 Tagen verbrauchen (ggf. mit Ausnahmen von Grundnahrungsmitteln wie Nudeln, Reis usw.).
- Räumen Sie Vorratskammer oder -schrank komplett aus. Reinigen Sie die Regalböden und Fächer und

legen Sie Regalböden ggf. mit einer hübschen Tapete oder Schrankpapier aus.

- Sortieren Sie beim Einräumen die Vorräte nach Kategorien (Gemüse, Marmeladen, Essig, Öl, Tierfutter usw.).
- Etwas für Perfektionisten: Führen Sie eine Liste, aus der hervorgeht, welches Lebensmittel (einschließlich Verfallsdatum) an welcher Stelle gelagert ist.
- Überprüfen Sie in regelmäßigen Abständen (alle zwei Monate) Vorräte auf das Haltbarkeitsdatum und brauchen Sie sie rechtzeitig auf bzw. sortieren Sie abgelaufene Lebensmittel konsequent aus. Sie können auch mit einem dicken Edding-Stift das Haltbarkeitsdatum auf die Verpackungen schreiben.
- Bastelutensilien und Putzmittel verstauen Sie in durchsichtigen Boxen oder bunten Schachteln, die Sie beschriften können.
- Für Sprühflaschen und Putzmittel sind Stehordner aus Plexiglas praktisch.

24 Die gut sortierte Hausapotheke

Wenn ein aufgeschlagenes Knie zu verarzten ist oder die Nase blutet, ist schnelles Handeln gefragt. Die Hausapotheke sollte daher gut zugänglich, übersichtlich strukturiert und ihr Inhalt noch nicht abgelaufen sein. Hier einige Tipps:

- Bringen Sie die Hausapotheke im Flur oder im Schlafzimmer an einem trockenen und nicht zu warmen Ort unter, sodass kleine Kinder sie nicht

KILLER-TIPP

Wenn im Notfall mal etwas fehlt: Ein Autoverbandskasten enthält kompakt die wichtigste Wundversorgung.

erreichen können. Praktisch sind verschließbare Medikamentenschränke.

- Hängen Sie Ihre Hausapotheke auf keinen Fall im Badezimmer oder in der Küche auf. Wärme und/oder Feuchtigkeit setzen den meisten Medikamenten zu und machen sie in kurzer Zeit unbrauchbar.

- Beschriften Sie halb transparente Behälter mit Deckeln mit Themen oder Körperteilen, die mit den Inhalten behandelt werden, z. B. Augen, Nase, Schmerzen, Erkältung usw. Solche Schachteln lassen sich in einem Schrank gut stapeln.

- Bewahren Sie Medikamente immer in der Originalverpackung mit dem Beipackzettel auf. Dann können Sie vor der Einnahme noch einmal nachlesen.

- Notieren Sie den Namen des Familienmitglieds auf der Verpackung, für den das Medikament vorgesehen ist.

- Einmal jährlich sollten Sie den Inhalt Ihrer Hausapotheke überprüfen. Dabei sortieren Sie Arzneimittel, deren Haltbarkeit abgelaufen ist, und eingetrocknete Salben aus.

- Abgelaufene Medikamente können Sie mit dem Hausmüll entsorgen, flüssige geben Sie besser bei Ihrer Apotheke ab.

- Für homöopathische Fläschchen gibt es ein eigenes Aufbewahrungssystem aus Holzschubladen, in denen die unterschiedlichen Fläschchen (vorzugsweise) alphabetisch einsortiert werden.

25 In der Garage wohnt das Auto

Die Garage ist in erster Linie für Ihr Auto da und sollte auch entsprechenden Platz dafür bieten. Also entsorgen Sie alle (vorübergehend) abgestellten Kisten oder alten Möbel.

- Fahrräder kann man an praktischen Aufhängevorrichtungen aus dem Weg schaffen.
- Die Autodachbox lässt sich mit leicht zu montierenden, kostengünstigen Fahrradliften aufhängen.
- Alles, was Sie zur Autopflege brauchen, findet in einem kleinen Regal, z.B. an der Stirnseite der Garage, Platz.

26 Praktische Ideen für die Werkstatt

Falls Sie über den Luxus einer kleinen Werkstatt verfügen, hier ein paar praktische Ideen für Ordnungssysteme:

- Kleinteile, wie Schrauben, Dübel und Nägel, liegen in durchsichtigen Boxen. Schrauben und Nägel werden nach Größe sortiert.
- Alternativ können Sie Schrauben und anderes in Marmeladengläser einsortieren. Die Gläser wer-

den mit dem Deckel von unten an ein Regalbrett ge-
schraubt.
- Für das Anbringen von Hammer, Schraubenzie-
hern, Zangen usw. gibt es praktische Lochplatten.
Die Lochplatten sind mit kleinen Haken versehen,
an denen Sie das Werkzeug aufhängen können. An
Werkzeug mit Holzgriffen können Sie eine Schlaufe
zum Aufhängen anbringen.

27 Ordnung im Gerätehaus

Damit im Gerätehaus kein Chaos ausbricht, ein paar
Tipps:
- Hängen Sie die Gartengeräte am besten an Schlau-
fen oder speziellen Gerätehaltern auf, die an den
Stielen angebracht werden.
- Kaputte Gartenstühle, -liegen und Sonnenschirme
entsorgen Sie sofort ebenso wie Blumentöpfe, die
Sie nicht mehr brauchen.
- Schöne, nicht mehr benötigte Blumentöpfe können
Sie auf dem Blumentauschmarkt spenden.
- Gartendüngemittel und -spritzmittel ordnen Sie
praktischerweise in Kisten.
- Werkzeuge wie Gartenscheren, Bindedrähte und
Seile sortieren Sie in verschiedene Boxen ein.
- Ein fester Platz für alle Gartenmaschinen, z. B. Ra-
senmäher oder Vertikutierer, macht sie leicht zu-
gänglich für ihre einfache Verwendung.

Chaos-Killer für alle Lebenslagen

Eine neue Lebensphase beginnt – Zeit zum Ausmisten. Wohin mit der Weihnachtsdeko? Und was tun, wenn sich plötzlich Besuch ansagt?

28 Eine neue Lebensphase beginnt – Zeit loszulassen

Jedes Mal, wenn eine neue Lebensphase beginnt, ist dies ein guter Zeitpunkt, Dinge loszulassen und auszusortieren. Ergreifen Sie also die jeweilige Gelegenheit beim Schopf, sich von Dingen zu verabschieden.

Wenn die Kinder in den Kindergarten kommen, wird es Zeit, im Kinderzimmer die Babysachen zusammenzusuchen. Ebenso gilt es, zu Schulbeginn die Sachen aus der Kita-Zeit auszusortieren. Weitere Stationen sind der Schulwechsel auf die weiterführende Schule, der Studienbeginn und schließlich der Auszug.

An jeder dieser Stationen können Sie Spielsachen und Kleidung altersgerecht aussortieren, mit dem aufmerksamen Blick darauf, ob die Sachen noch wirklich

benutzt werden. Dabei beziehen Sie Ihre Kinder gleich mit ein, sehen also gemeinsam mit ihnen Spielsachen, T-Shirts, Hosen und Blusen durch.

Die Erfahrung hat gezeigt, dass es Kindern meistens sogar viel leichter als Erwachsenen fällt, Dinge loszulassen. Später sind dann Jugendliche in diesem Ritual des regelmäßigen Durchsehens und Aussortierens geübt und werden das gerne für ihr Leben übernehmen.

Das Aussortierte stellen Sie in Päckchen für eine Spende, den Secondhand-Verkauf oder zum Verschenken zusammen. Bringen Sie die Päckchen umgehend an den beabsichtigten Ort. Lassen Sie also nichts mehr lange zu Hause rumstehen.

KILLER-TIPP

Eine neue Lebensphase beginnt immer dann, wenn die ganze Familie umzieht. Vorher sollte jeder für sich entscheiden, was in die neue Wohnung mitkommt, und sich fragen: Brauche ich das Teil wirklich oder lag es schon lange nur noch rum?

Noch weiter lassen sich Dinge beim Einzug reduzieren, wenn Sie die Inhalte der Kisten in Schränke und Regale räumen. Automatisch wählen wir beim Einsortieren das aus, was wir benutzen und behalten möchten. Alles, was in den Kartons bleibt, können Sie entsorgen oder verschenken.

29 Wenn die Kinder ausgezogen sind

Das Jugendzimmer des Sohnes, der Tochter bleibt in vielen Familien erhalten und wird gar nicht genutzt, auch wenn Sohn oder Tochter schon längst ausgezogen sind. Wenn der Sprössling noch manchmal zurückkommt und in diesem Zimmer wirklich schläft, besteht erst einmal kein Handlungsbedarf.

Hat der Nachwuchs aber bereits eine eigene Wohnung und überhaupt kein Interesse mehr am Kinder-

zimmer, können Sie auch in diesem Raum aussortieren und ausmisten und ihn als Ihren Lebensraum »in
Besitz nehmen«. Laden Sie dafür Ihren Sohn oder Ihre
Tochter zu einem »Ausräumbesuch« ein. Wegen der
verschiedenen Blickwinkel wird es Ihnen gemeinsam
leichter fallen, sich von lieb gewordenen Dingen zu
trennen.

Lassen Sie Ihre Wohnung oder Ihr Haus nicht als Ab-
lageort für die Dinge Ihrer Kinder missbrauchen, wie
etwa das alte Schlagzeug Ihrer jetzt 35-jährigen Tochter oder die ausgemusterte CD-Sammlung Ihres Sohnes. Da sollten Sie eine Grenze ziehen und neuen Lebensraum für sich gewinnen.

KILLER-TIPP

Oft hängen wir an den bunten Bildern aus frühen
Kindertagen. Aber müssen es wirklich so viele
sein? Suchen Sie sich also ein, zwei oder auch
drei Erinnerungsstücke aus (oder machen Sie Fotos davon). Daran können Sie sich dann später
erfreuen. Den Rest können Sie beruhigt entsorgen. Wenn Sie nämlich mal probeweise bei Ihren Kindern nachfragen, werden Sie hören, dass
diese auf ihre frühen »Meisterwerke« gar nicht
mehr erpicht sind.

30 Gehen Sie kreativ mit dem Erbe um

Erben ist nicht nur mit Finanzen verbunden, sondern auch mit Sachen, oft mit vielen Sachen: Suppenterrinen, Likörgläser, Aktenordner, Pelzmützen und Spitzendeckchen, aber vielleicht auch eine wuchtige Mahagonisitzgruppe und alte Fotoalben mit Bildern von Personen, die Sie gar nicht kennen.

Oft kommt so eine Erbschaft in einer Lebensphase auf uns zu, in der wir bereits alles haben, was wir benötigen. Meist ist der Stil der Dinge nicht unserer und passt nicht zu unserer Wohnung. Was also tun?

Machen Sie sich klar, dass Erben kein Anspruch ist, sondern in erster Linie ein Geschenk. Was aber mit dem Geschenk geschieht, liegt ganz allein in unserer Verantwortung. Es kommt darauf an, was uns gefällt und was wir in unserer Umgebung gerne haben.

Das Andenken an die geliebte Person kann durch einige, wenige Stücke wunderbar oder sogar besser in Ehren gehalten werden als durch viele Kartons, die auf dem Dachboden verstauben. Bilden Sie also eine Andenkenkiste und legen Sie dort nur die zwei, drei Dinge hinein, die Sie wirklich aufheben wollen. Wenn Sie das Kaffeeservice der Oma gerne behalten möchten, sortieren Sie dafür etwas anderes aus Ihrem Haushalt aus.

Wenn Sie gar nicht wissen, wohin mit den geerbten Dingen: Kündigen Sie eine Haushaltsauflösung in einem Regionalblatt an, veranstalten Sie einen »Garagenflohmarkt« oder organisieren Sie gemeinsam mit Ihren Nachbarn einen Flohmarkt in Ihrer Straße (z. B. über www.nebenan.de).

Alles, was dann noch übrig ist vom Erbe, können Sie an Verwandte und Freunde verteilen. Laden Sie doch alle ein, dann sucht sich jeder selbst aus, was er oder sie gerne hätte.

31 Richten Sie eine Geschenke-schublade ein

Wenn Sie DVDs, vielleicht sogar noch eingeschweißt, oder originalverpackte Spiele aussortieren, weil sie niemanden in Ihrer Familie interessieren, gar nicht damit gespielt wird, sie Ihren Geschmack nicht (mehr) treffen oder es einfach zu viele sind, stellt sich die Frage: Wohin mit all diesen Dingen? Sachen, die wir aus unserem Haushalt entfernen wollen, müssen nicht notwendigerweise sofort im Restmüll landen. Dafür gibt es die unterschiedlichsten »Ablagestellen«, die wir ansteuern können (Seite 88).

Sie können aber auch eine Geschenkeschublade ein-richten. In ihr sammeln Sie und alle Familienmitglie-der CDs, Bücher, Spielsachen oder auch kleine An-hängsel, die jemand anderem eine Freude bereiten könnten. Wichtig ist selbstverständlich, dass die Sam-melstücke unversehrt und neuwertig sind. Auch wenn die Dinge für Sie nicht passen, können Sie für Tante Helga oder Onkel Alfred genau das Richtige sein.

Für Empfänger oder Beschenkte sollten sie also sorg-fältig ausgewählt werden. Aber Vorsicht: Wenn in die Schublade auch Dinge kommen, die Sie selbst ge-schenkt bekommen haben, vermerken Sie sicherheits-halber, wer der freundliche Geber war, sonst kann es passieren, dass Geschenke unversehens und mit un-schönem Ausgang an den Adressaten zurückwandern.

32 Wohin mit der Weihnachtsdeko?

Alle Jahre wieder kommt Weihnachten mit großen Schritten auf uns zu. Warum nicht einmal, bevor es richtig losgeht, die Weihnachtssachen in Ruhe durch-sehen?

- Grundsätzlich gilt (wie bei allen Aufräumthemen): Aussortieren ist das A und O. Trennen Sie sich kon-sequent von allem, das nicht mehr schön ist bzw. das Ihnen nicht mehr gefällt. Sie sollten nur das be-halten, was Sie wirklich mögen und benutzen. Ka-puttes kommt sofort weg ebenso wie Dinge, die Sie sicher nicht mehr verwenden werden.

KILLER-TIPP

Da Weihnachtsboxen nur einmal im Jahr hervorgeholt werden, sind sie sinnvolle Kandidaten für den Keller oder Speicher, der selbstverständlich aufgeräumt und übersichtlich ist und nicht feucht sein sollte. Gegenstände aus Metall könnten sonst korrodieren, Papier, Holz und Stoffe könnten von Schimmelpilz befallen werden.

- Alle Weihnachtssachen lassen sich gut in durchsichtigen Boxen aufbewahren. Sie sind stapelbar und in unterschiedlichen Größen erhältlich. Die Verwendung von großen und kleinen Boxen hilft beim Sortieren. Es ist wichtig, nicht alles in eine Kiste zu packen, sonst wird es unübersichtlich.
- Packen Sie alles, was zusammengehört, an einen Platz, also Kugeln zusammen mit Baumschmuck, Kerzen mit Kerzenhaltern usw.
- Wenn die Originalverpackung fehlt, haben sich luftgepolsterte Folien gut bewährt, in die Sie z. B. zerbrechliche Kugeln oder Glasfiguren einwickeln können. Sie können aber auch Schachteln von Schokoküssen oder Eierkartons für die Baumdekoration verwenden. In jede Einheit kommt eine Kugel.

33 Lichterketten optimal verstaut

Damit sich die Lichterketten bei der Aufbewahrung nicht verheddern, wickeln Sie die Schnüre um ein Stück Holz oder eine Rolle Zeitungspapier wie eine Wäscheleine auf. Sie können auch eine Papprolle verwenden und in deren oberen und unteren Rand eine Kerbe schneiden. Darin fixieren Sie an der einen Seite den Stecker und an der anderen Seite das Ende der Lichterkette. Je größer das Holz, die Zeitungsrolle bzw. die Papprolle ist, desto übersichtlicher können Sie die Lichterkette auch wieder abwickeln.

Solche Rollen gibt es als Abfallmaterial z. B. in der Teppichabteilung Ihres Baumarktes. Oder Sie verwenden die Pappe einer leeren Küchenrolle.

34 Ein Platz für Geschenkpapierrollen und -bänder

Geschenkpapierrollen können Sie wunderbar in Plakatrollen unterbringen. Wenn es etwas mehr Rollen sind, hilft auch ein ausrangierter Schirmständer. In eine gesonderte Rolle kommen die dazu passenden Geschenkbänder.

Kleine Reste vom Geschenkpapier können Sie entweder bis zum nächsten Jahr in Mappen aufbewahren oder sie gleich weiterverarbeiten. Basteln Sie doch mit Ihren Kindern Weihnachtssterne oder Grußkarten.

35 Das Schnell-Aufräum-Programm

Immer mal wieder kommt es vor, dass sich kurzfristig Besuch ankündigt und das alltägliche Chaos in Windeseile verschwinden soll. Diese Tipps helfen dabei:

- Räumen Sie im Flur den Boden frei. Hängen Sie Jacken und Mäntel, die gerade getragen werden, an Haken auf. Die übrige Kleidung kommt in die jeweiligen Kleiderschränke.
- Achten Sie darauf, dass an der Garderobe genügend Haken für die Kleidung der Gäste frei sind.
- Alle Spielsachen wandern ins Kinderzimmer.
- Herumliegende Post, Zeitungen und Prospekte werden verteilt: Post in den Eingangskorb auf dem Schreibtisch, Zeitungen in den Zeitungsständer, Prospekte in den Papiermüll.
- Auch den Fußboden im Wohnzimmer räumen Sie frei. Zeitschriften werden entweder entsorgt oder übereinandergestapelt auf einem Beistelltisch abgelegt. Alle sonstigen Tische und Ablageflächen räumen Sie, soweit möglich, frei.
- In der Küche räumen Sie alles herumstehende Geschirr in die Spülmaschine bzw. spülen es ab und räumen es in die Schränke ebenso wie herumstehende Lebensmittelvorräte. Schließlich wird der Boden kurz gewischt.
- Reinigen Sie Waschbecken und Boden in der Gästetoilette und hängen Sie ein frisches Handtuch auf.
- Ein Duft, den Sie mögen, verbreitet in einer Duftlampe eine angenehme Atmosphäre.

So klappt das Aufräumen

Wie organisieren wir eine Aufräumaktion am besten? Wie vermeiden wir, zu viele Sachen anzusammeln? Und wohin mit dem Ausgemisteten?

Unser Familienalltag ist prall gefüllt mit vielen großen und kleinen Erledigungen und Aufgaben. Und dann auch noch Aufräumen! Kein Wunder, dass wir keine Lust dazu haben. Im Kapitel »Grundlagen der Chaosbekämpfung« (Seite 12) finden Sie wichtige Hinweise, wie Sie Ihren inneren Schweinehund bekämpfen und endlich anfangen. Hier bekommen Sie Tipps, wie Sie beim Aufräumen Zeit sparen und – noch besser –, wie Sie das Chaos verhindern können.

36 Den Gründen des Aufhebens auf der Spur

Die Gründe, warum sich Menschen nur schwer von Dingen trennen können, sind ganz unterschiedlich, ebenso wie die verschiedenen Lebenserfahrungen und -situationen, die wir gemacht bzw. durchlebt ha-

ben. Nun gilt es, entsprechend diesen unterschiedlichen Ursachen die richtige Strategie zu finden:

- Gegen früher erfahrenen Mangel und Verlust hilft
  die rationale Überlegung, dass sich die Verhältnisse
  in der Zwischenzeit geändert haben, diese Erfah-
  rungen der Vergangenheit angehören und nichts
  mehr mit der Gegenwart zu tun haben. Sicherheit
  kann durch anderes als das Sammeln und Aufheben
  von Dingen erlangt werden.

- Die Erinnerung an eine geliebte Person muss nicht
  an einem bestimmten Erbstück hängen, sondern
  wir tragen sie in unserem Herzen. Vielleicht machen wir einfach noch ein Foto zur Erinnerung und
  entsorgen ansonsten Tassen, Gläser und die anderen alten Sachen, die uns eigentlich nicht gefallen.

- Bei großer Zeitnot oder besonders belastenden
  Situationen wie Trennung, Umzug oder Todesfall
  lohnt es sich, sich grundsätzlich einige Gedanken

zur prinzipiellen Alltagsorganisation zu machen und sich für das Aufräumen und Ausmisten ggf. Unterstützung von außen zu holen.

Es ist durchaus möglich, dass auf Ihrem Weg zu mehr Wohlgefühl und Harmonie auch Tränen fließen. Letztendlich führt der Weg des Ausmistens und Loslassens aber so gut wie immer zu einem neuen befreiten Lebensgefühl, aus dem heraus Sie sich entspannt den neuen Herausforderungen Ihres Lebens zuwenden werden. Reisen Sie lieber mit »leichtem Gepäck« durchs Leben.

37 Listen in einem Notizbuch führen

Unser Alltag besteht oft aus vielen kleinen Aufgaben und angefangenen Tätigkeiten, die gerade im Familienleben immer wieder unterbrochen werden, weil unsere Tochter ein Glas Saft möchte oder unser Sohn mit aufgeschlagenem Knie hereinstürmt.

Eine einfache Methode, zunächst einmal Ordnung in unserem Kopf herzustellen, ist aufzuschreiben, was uns bewegt, was wir noch erledigen wollen, wen wir anrufen oder an wen wir eine E-Mail oder Whatsapp-Nachricht schicken wollen.

To-do-Listen-Schreiben kann uns in mehrfacher Hinsicht als Chaos-Killer dienen: Es bringt Ordnung in unsere Gedanken, weil wir in Listen notieren, welche

KILLER-TIPP

Aufgabenlisten können Sie selbstverständlich auch in Ihrem Handy führen und sogar mit einer Terminerinnerung versehen, bis wann Sie eine Aufgabe erledigen wollen. Wenn Sie aber ahnen, dass Sie dann womöglich an Ihrem Smartphone »hängenbleiben« und bei jedem Blick aufs Handy noch schnell Ihre Social-Media-Kontakte checken, ist es sinnvoller, bei der mit Hand geschriebenen Liste zu bleiben. Was Sie per Hand aufschreiben, vergessen Sie übrigens nicht so leicht, sondern merken es sich besser.

Aufgaben wir uns z. B. für einen Tag vorgenommen haben, evtl. noch sortiert nach Kategorien wie Haushalt, Wohnung, Kontakte.

Außerdem ist es sehr hilfreich, alles, was uns während des Aufräumens, Aussortierens und Ausmistens zwischendurch in den Sinn kommt, aufzuschreiben, um dann wieder zur ursprünglichen Aufgabe zurückzukehren. So können wir am Aufräumen dranbleiben und später, nach Erledigung unserer aktuellen Aufgabe, können wir dann auf unsere Liste zurückkommen und z. B. die E-Mails checken.

Eine solche Aufgabenliste führen Sie am besten handschriftlich in einem schönen Notizbuch, das stets griffbereit ist. Dann fliegen auch nicht mehr überall

Zettel herum, und die Zettelwirtschaft hat ein Ende. Um den Überblick zu behalten, streichen Sie das bereits Erledigte durch. Auch die häufig rund um den Bildschirm des PCs anzutreffenden Zettel erübrigen sich damit.

38 Die Magie horizontaler Flächen

Unabhängig davon, in welchem Stil eine Wohnung oder ein Haus eingerichtet ist, gibt es in allen Räumen jede Menge horizontaler Flächen: die Kommode im Flur, die Arbeitsfläche in der Küche, Regale im Wohnzimmer, Flächen oben auf dem Kleiderschrank, der Schreibtisch und nicht zuletzt die Fensterbänke und die Fußböden.

Ob wir es wollen oder nicht, alle diese horizontalen Flächen haben scheinbar die Kraft, Dinge magisch anzuziehen. Oft sind es genau die Gegenstände, die wir nur schnell mal ablegen, weil wir (noch) nicht so genau wissen, wohin damit. Gerade bei Menschen, die sich mit dem Ordnunghalten schwerer tun, können es schon mal sehr viele Dinge sein.

Gehen Sie also mit prüfendem Blick durch Ihre Wohnung – oder auch mal mit dem Blick eines Gastes – und achten Sie besonders auf diese horizontalen Flächen.

Wenn die horizontalen Flächen frei, ja nahezu leer sind, strahlen sie Ruhe aus und lassen eine Wohnung aufgeräumt und ordentlich erscheinen. Wenn also auf der Kommode im Wohnzimmer statt der vielen kleinen Figürchen und Fotos nur eine besonders schöne Vase mit frischen Blumen steht oder an den Büchern in den Regalen keine weiteren Erinnerungsstücke oder Postkarten lehnen und die Fensterbänke frei von Dekoartikeln sind, wirkt ein Raum automatisch ordentlich und aufgeräumt. Nicht zuletzt auf dem Schreibtisch ermöglicht der freie Platz geistige Freiheit und befördert Kreativität im Denken.

39 Zeit sparen beim Aufräumen

Eine schöne Ordnung, Freiraum und Harmonie wären wunderbar – wenn das Aufräumen nur nicht immer so viel Zeit kosten würde! Diese Chaos-Killer helfen, Zeit zu sparen:

- Mustern Sie kaputtgegangene Dinge sofort aus. Diese können sich nämlich ansonsten zu wahren Zeiträubern entwickeln, etwa, wenn Sie mit dem nicht mehr gut funktionierenden Staubsauger versuchen, den Boden von Fusseln zu befreien.
- Bleiben Sie dran an dem aktuellen Aufräumvorhaben. Lassen Sie sich nicht abbringen, bis Sie zu einem guten Schluss gefunden haben. Diese Ausdauer lohnt sich.
- Ordnen Sie die Dinge in Ihrer Wohnung so an, wie sie effizient verwendet werden. Überlegen Sie in der Küche z. B., wie Sie am schnellsten an Töpfe, Gewürze und Kochutensilien kommen. Bei mehreren Stockwerken empfiehlt es sich, bestimmte Dinge,

Aufräumen heißt ent-scheiden können

Beim Aufräumen und Aussortieren müssen wir ständig entscheiden. Oft scheuen wir eine Entscheidung, weil wir fürchten, etwas zu verlieren.

Zu langes Zögern beim Aussortieren und Aufräumen führt dazu, dass Sie Ihre Entscheidung vielleicht wieder hinausschieben und sich die Dinge dann möglicherweise doch stapeln und zu viel Raum einnehmen. Nehmen Sie deshalb jedes Teil des ausgewählten Bereichs einzeln in die Hand und beantworten Sie folgende Fragen aufrichtig und ehrlich und spüren Sie jeweils nach.

Allgemein bei allen Dingen:
- Ist es eingestaubt? Wurde es also vielleicht schon lang nicht mehr benutzt? Warum?
- Brauche ich es wirklich? Für was? Warum? Wann zum letzten Mal? Was bedeutet es für mich, wenn ich das … nicht mehr habe? Hängt mein Herz dran?
- Ist es nur geliehen und gehört einem Freund?

Speziell bei Kleidung:
- Wann habe ich die Bluse, das Hemd oder die Hose das letzte Mal getragen?

- Ziehe ich die Bluse noch gerne an? Gefällt sie mir wirklich? Gehört sie zu meinem aktuellen Kleidungsstil, was Farbe und Schnitt betrifft?
- Ist noch alles intakt (Knöpfe, Reißverschluss)?

Der kritische und emotionsfreie Blick einer wohlmeinenden Freundin bzw. eines guten Freundes kann da übrigens sehr hilfreich sein.

Bei Haushaltsgeräten:
- Verwende ich die Küchenmaschine noch? Wann zum letzten Mal?
- Funktioniert das Gerät noch?
- Habe ich evtl. mehr Kaffeekannen oder Teestövchen, als ich wirklich verwende?

Bei Spielsachen:
- Für welches Alter ist das Spielzeug gedacht?
- Spielt mein Kind noch damit? Wann zuletzt?
- Gibt es ein Kind in der Nachbarschaft, das sich darüber freuen würde?

Die Vorstellung, einem anderen Kind eine Freude zu machen, hilft Ihrem Kind sicher, sich von etwas Liebgewonnenem zu trennen. Wichtig bei den Spielsachen ist natürlich, dass Sie Ihr Kind mitentscheiden lassen.

Nach der Beantwortung dieser Fragen können Sie leichter entscheiden, ob Sie Dinge spenden, verkaufen, wegwerfen oder als Lieblingsstücke aufheben wollen.

wie z. B. Windeln, Besen, Feuchttücher, Papier und Stifte, auf jeder Ebene verfügbar zu haben, natürlich mit einem jeweils festen Platz. Dann sind diese Hilfsmittel auch schnell wieder aufgeräumt und müssen nicht durchs ganze Haus getragen werden.

- Sammeln Sie von vornherein in Ihrem Haushalt nicht zu viele Dinge an. Lassen Sie sich nicht von Schnäppchen und Discounter-Angeboten verführen. Weniger Dinge sind auch schneller aufgeräumt.
- Nehmen Sie Abschied von Ihrem Anspruch, alles perfekt machen zu wollen. Wenn Sie z. B. das Werkzeug aufräumen wollen, fangen Sie nicht an, alle Schrauben einzeln einzusortieren. Finden Sie das für Sie stimmige Maß an Ordnung.

40 Wichtigem einen besonderen Platz zuweisen

Dinge, die besonders wichtig sind und/oder die wir täglich benutzen, brauchen einen festen Platz. Das gilt für Sammlerstücke genauso wie für unseren Wohnungsschlüssel, Ausweisdokumente, Rechnungen, den Geldbeutel oder die Lesebrille, für Jacken, Mäntel und Schuhe, die wir täglich tragen.

Wichtige Dinge des täglichen Gebrauchs sollen gut erreichbar und schnell auffindbar sein, optimal ist, wenn sie sich immer an ein- und demselben Platz befinden:

- Durch ein Anhängerband am Schlüsselbund, vielleicht noch in einer Signalfarbe, sind Schlüssel in

↻ KILLER-TIPP

Erinnerungsstücke, an denen wir hängen und die wir behalten wollen, sollten einen Ehrenplatz bekommen. Sind wir bereit, so einem Teil, z. B. dem von Onkel Alfred gemalten Bild, einen prominenten Platz in unserem Wohnzimmer einzuräumen? Wenn wir es »nur« in der Schublade verstauen wollen, ist es ein Kandidat für die Entsorgung.

Hand- oder Aktentasche immer schnell auffindbar. Zu Hause kommen die Schlüssel ans Schlüsselbrett neben der Haustür oder in eine schöne Schale im Flur.

- Auch andere wichtige Gegenstände, die wir immer mitnehmen, sollten in Schul-, Hand- oder Aktentasche einen festen Platz zugewiesen bekommen, z. B. ist der Geldbeutel immer im ersten Reißverschlussfach des Rucksacks, der Ausweis steckt immer in der rechten Innentasche des Sakkos usw.
- Rechnungen und andere Terminsachen kommen auf dem Schreibtisch in das Ablagefach »eilig, dringend, wichtig«, sofern sie nicht sofort erledigt werden.
- Für Jacken und Mäntel bringen Sie im Flur Haken so an, dass alle Familienmitglieder sie gut erreichen können, also für die Kinder entsprechend weiter unten. Kindern hilft die klare Regel, dass sie zuerst ihre Jacken aufhängen und die Schuhe ordentlich hinstellen, bevor sie in ihr Zimmer oder zum Mittagstisch stürmen.

⌐ KILLER-TIPP

Wertsachen, Urkunden, Ausweise, unverzicht-
bare Fotos usw. sollten Sie an einem besonderen
Ort aufbewahren, der erstens sicher und zweitens
für Sie und ggf. noch eine berechtigte Person gut
zugänglich ist. Urkunden können Sie außerdem
auch einscannen und wichtige Daten sowie Fotos
auf einer externen Festplatte speichern und diese
bei Bedarf sogar in einem Safe verwahren.

41 Das »Verkneiferschwein«

Am günstigsten für unsere Ordnung zu Hause ist es
natürlich, wenn sich von Anfang gar nicht so viel an-
sammelt. Dabei hilft das »Verkneiferschwein«.

Wenn Sie das nächste Mal ein Kleid oder eine coole
Uhr aussuchen, einem Werkzeugsortiment im Discounter nicht widerstehen können oder meinen, die
schöne Schale müssten Sie unbedingt haben, lassen
Sie sich das gute Stück für einen Tag zurücklegen und
schlafen Sie eine Nacht drüber. Am nächsten Morgen
werden Sie dann feststellen, dass Sie das Teil gar nicht
wirklich brauchen. Sie haben sich den unnötigen Kauf
also »verkniffen«. Das so gesparte Geld kommt in ein
eigenes »Verkneiferschwein«. Und zu einer besonderen Gelegenheit, für einen Theaterbesuch oder einen
Wellnesstag wird es »geschlachtet«.

42 Reparieren statt nur aufheben

In vielen Haushalten finden sich Dinge, die nicht (mehr) richtig funktionieren oder bei denen ein wichtiges Teil fehlt, z. B. ein Henkel abgebrochen ist. Vielleicht hat der Toaster schon nach kurzer Lebenszeit seinen Geist aufgegeben, der Drucker druckt nicht mehr und die Küchenmaschine schwächelt. Und die Garantie ist auch schon abgelaufen. Obwohl wir sie nicht mehr benutzen, heben wir solche Dinge weiter auf.

Sie nehmen Platz weg, solange wir uns ihnen nicht widmen. Beim Aufräumen und Ausmisten sollten wir also kaputte, nicht mehr funktionsfähige Dinge beiseitelegen und jeweils einzeln entscheiden, was wir damit machen wollen:

- Ist wirklich nichts mehr zu retten, gehören sie sofort in den entsprechenden Abfall bzw. zum Wertstoffhof, wo sie fachgerecht entsorgt werden.
- Es kann aber auch viel Spaß machen, zusammen mit den Kindern den offenen Bauch des Teddybären in einer »Operation« zu verarzten oder die kleinen Elektroautos mit einer neuen Batterie zu versorgen, damit wieder mit ihnen gespielt werden kann. Wenn dann kaputtes Spielzeug wieder heil ist und die Augen Ihrer Kinder strahlen, hat sich die Mühe mehr als gelohnt.
- Schrauben Sie selbst lieber nicht an technischen Geräten herum, deren Öffnung nur technischem Fachpersonal vorbehalten ist.

KILLER-TIPP

Besuchen Sie doch mal ein Repair-Café, von denen es mittlerweile auch jede Menge in Deutschland gibt (repaircafe.org/de). Dort steht Werkzeug zur Verfügung. Gemeinsam mit anderen können Sie ihre kaputten Dinge (wie z. B. Kleidung, Möbel, elektrische Geräte, Fahrräder, Spielzeug und vieles mehr) reparieren und zugleich zur nachhaltigeren Nutzung beitragen. Ein schöner Nebeneffekt ist das nachbarschaftliche Miteinander dort.

43 Oft besser als kaufen: leihen oder mieten

Die Erfahrung als Aufräumcoach zeigt, dass Menschen häufig einfach zu viel kaufen. Oft kommen die Sachen unausgepackt in den Schrank und werden dort vergessen. Viele horten Dinge, die sie kaum benutzen. Dabei gibt es anstelle von Kaufen auch ganz andere Möglichkeiten. Was wir benutzen wollen, müssen wir nicht zwangsläufig alles selbst besitzen.

Schon fast selbstverständlich geworden ist, das Abonnement bei Spotify zu nutzen, statt selbst CDs zu kaufen. Und statt Zuhause DVD-Boxen zu stapeln, können wir Filme in der Mediathek der einzelnen Sender oder über Netflix ansehen. Neben Autos lassen sich

auch Dinge des täglichen Lebens wie Babykleidung,
Schmuck, Spielzeug, Bücher, Werkzeug und sogar
Kleider für einen bestimmten Zeitraum gegen eine
Gebühr mieten oder im Tausch mit evtl. Dienstleis-
tungen mit anderen teilen. Stöbern Sie im Internet
unter dem Stichwort »verleihen« oder sehen Sie sich
die Websites im Serviceteil (Seite 97) an.

Neben den Vorteilen, dass sich in Ihrem Zuhause gar
nicht so viele Dinge ansammeln und Sie auch noch
Geld sparen, kann das Teilen gerade in Städten zu
mehr nachbarschaftlichem Gemeinschaftssinn beitragen, ehrenamtlichem Engagement neue Chancen er-
öffnen und sogar zwischen Alt und Jung vermitteln.
Und schließlich sorgt es im Hinblick auf die endlichen
Ressourcen dafür, dass wir, statt den Besitz anzuhäu-
fen und wegzuwerfen, nachhaltiger mit den Dingen
umgehen.

44 Nehmen Sie nichts mit – sagen Sie »Nein danke«

In Hotels verlocken uns kleine Pröbchen, sie mit nach
Hause zu nehmen. Auf Messen, in Ausstellungen und
bei Sportveranstaltungen bekommen wir Flyer und
kleine oder größere Give-aways in die Hand gedrückt,
die wir in unsere Wohnung mitnehmen. Dort stapeln sie sich im Bad, im Wohnzimmer oder auf dem
Schreibtisch. Dieser Flut an Dingen können wir auf
einfache Weise Einhalt gebieten. Sagen Sie zu allen
Dingen, die Sie umsonst bekommen, »Nein, danke«.

- Nutzen Sie in Hotels zur Verfügung gestellte Duschgels, Körperlotions und ggf. Badelatschen, aber nehmen Sie sie nicht mit nach Hause. Sie haben dort vermutlich genügend Körperpflegeprodukte. Die Erfahrung zeigt, dass diese kleinen Tuben und Fläschchen zu Hause nur viel Platz wegnehmen.
- Flyer mit Orientierungsplänen und Ausstellungsinfos können auf Messen, in Ausstellungen und Museen sehr hilfreich sein. Zu Hause benötigen wir sie aber nicht mehr. Entsorgen Sie diese also umgehend im Altpapier.
- In Discounter »schreien« uns besonders günstige Angebote förmlich an, zwei zum Preis von einem zu kaufen. Sagen Sie auch zu diesen scheinbar günstigen Schnäppchen konsequent »Nein«. Tests haben nämlich gezeigt, dass Aktionsmodelle, die sich im Handel tummeln, oft ein Reinfall sind. Wählen Sie lieber mit Bedacht weniger und qualitativ hochwertigere Produkte aus. Die halten meist länger und nehmen nicht – weil nicht mehr funktionsfähig oder zu viel – Platz weg.

45 Wohin mit den ausgemisteten Dingen?

Sie haben es geschafft: Von einer Reihe von Dingen wollen Sie sich trennen. Sie haben diese Dinge auch schon in die Kategorien »defekt« und »spenden, verschenken, verkaufen« eingeteilt. Dazu erst mal herzlichen Glückwunsch!

Wohin aber nun mit diesen ausgemusterten Dingen? Es gibt unzählige Möglichkeiten. Hier eine kleine Auswahl:

- Wirklich defekte Sachen kommen in den Restmüll bzw. Elektrogeräte zum Wertstoffhof.
- Dinge, die völlig intakt und wie neu sind, können Sie in einer Geschenkeschublade (Seite 69) für einen neuen Empfänger sammeln.
- In vielen Städten gibt es öffentlich zugängliche Bücherregale, in die jeder Bücher hineinstellen und auch wieder mitnehmen kann.
- Gut erhaltene, gebrauchte Schuhe, Kleidung, Decken oder ein altes Zelt können Sie gemeinnützigen Organisationen spenden.
- Im Internet gibt es eine Reihe von Portalen für den Austausch von Dingen. Googeln Sie doch einfach mal. Weitere Tipps zu Spenden, Weitergeben, Tauschen oder Verkaufen von Kleidung, Büchern, CDs, alten Handys usw. finden Sie im Serviceteil (Seite 97).

Rituale gegen das Chaos

Einfache Gewohnheiten, Rituale und Routinen helfen, dass das Leben überschaubar und einfacher wird und Chaos erst gar nicht entsteht.

Wir stellen Ihnen hier ein paar Rituale und Routinen vor, die Ihnen helfen, das Chaos zu verhindern. Erfahrungsgemäß brauchen neue Gewohnheiten drei bis sechs Wochen, um sich einzuspielen. Probieren Sie aus, welche für Sie passen.

46 Ein eigenes Revier für jeden

Eine einfache Regel hilft, damit sich die Dinge nicht über das ganze Haus verteilen und Sie immer hinterherräumen müssen: Jedes Familienmitglied bekommt sein eigenes »Revier« zugesprochen und räumt seine Sachen selbst auf. Mit kleineren Kindern müssen Sie das natürlich gemeinsam machen. Ein paar Regeln für die Umsetzung:

- Alle räumen spätestens am Abend ihre Sachen aus den gemeinschaftlich genutzten Räumen wieder zurück in den eigenen Bereich.
- Hilfreich dabei ist ein Korb, in den alles kommt, was nicht in den Flur, ins Wohnzimmer oder die Küche gehört.
- Ältere Kinder und Teenager können ihre verschmutzte Kleidung selbst in den dafür vorgesehenen Korb bringen. Die gewaschenen und gebugelten Kleider sortieren sie dann auch selbst ein.

47 Tägliche Routine hilft

Eigentlich ist das Aufräumen gar nicht so schwer, vor allem dann, wenn sich kein großer Ballast anhäuft. Räumen Sie also möglichst täglich morgens oder abends kurz auf. Sie werden sehen, dann sind

Sie in maximal einer halben Stunde mit Ihrer Routine durch:

- Nehmen Sie sich eine bestimmte Zeit für jeden Raum und wechseln Sie dann zum nächsten. Es muss nicht alles perfekt werden.
- Heben Sie zunächst alles auf dem Boden liegende auf.
- Herumliegende Spielsachen und Kleidung räumen Sie in Schränke und Regale, Schuhe in den Schuhschrank. Schmutzwäsche kommt in den dafür vorgesehenen Behälter, Handtücher werden aufgehängt.
- Bücher stellen Sie ins Regal, Kissen und Decken im Wohnzimmer werden glatt gezogen.
- Auf Sofas oder Sesseln herumliegende Kleidungsstücke kommen in den Kleiderschrank bzw. in den Wäschekorb.
- Verblühte Blumen werfen Sie weg.
- DVDs und Zeitschriften legen Sie auf einen Stapel. Tageszeitungen, die älter als eine Woche sind, können weg.
- Kleine Kinder können sich währenddessen für kurze Zeit selbst beschäftigen (dann müssen Sie evtl. öfter eine Pause machen) oder Sie dürfen »mithelfen« und bekommen eine kleine Aufgabe.
- Werfen Sie einen Blick in den Eimer mit Restmüll bzw. den Papier- und Plastikabfall. Vielleicht sind die Behältnisse voll? Nehmen Sie dann die vollen Eimer gleich mit, wenn Sie das nächste Mal das Haus verlassen.

48 Das sollten Sie einmal im Monat tun

Um die Wohltat von Freiraum, Harmonie und Ordnung genießen zu können, braucht es eigentlich nicht viel. Wenn Sie einige Dinge regelmäßig tun, können sich gar keine Berge an den unterschiedlichen Stellen in Ihrer Wohnung auftürmen. Es hilft also ungemein, wenn Sie Folgendes (spätestens) einmal im Monat erledigen:

- Heften Sie Rechnungen und wichtige Unterlagen in die dafür vorgesehenen Ordner ab.
- Suchen Sie in der ganzen Wohnung ungelesene Zeitungen und Magazine zusammen und geben Sie diese in das Altpapier. Die Erfahrung zeigt, dass alte Zeitungen sowieso nicht mehr gelesen werden. So können sich gar keine Stapel bilden.
- Checken Sie den Kühlschrank, Ihre Tiefkühltruhe und die Vorratskammer nach verdorbenen Lebensmitteln bzw. solchen, bei denen die Haltbarkeit abgelaufen ist, und entsorgen Sie diese im Bio- oder Restmüll.
- Schauen Sie Ihren Kleiderschrank nach ungetragenen Kleidungsstücken durch bzw. prüfen Sie Ihre Kleidung auf fehlende Knöpfe und offene Nähte. Entscheiden Sie, wie Sie damit verfahren möchten.
- Tauschen Sie die Saisongarderobe aus, d. h., räumen Sie die Kleider der gerade nicht aktuellen Saison nach oben, nach hinten bzw. weiter weg, damit die Kleidungsstücke der aktuellen Saison gut erreichbar sind.

- Entsorgen Sie vorübergehend abgestellte Dinge von Balkon und Keller.
- Sehen Sie die Tuben, Cremes und Dosen im Bad kurz durch und werfen Sie leere weg.

49 Nutzen Sie die Energie vor der Abreise

Kennen Sie das auch? Kurz vor dem Urlaub schaffen Sie im Büro die Arbeitsberge weg, die vorher wochenlang auf Ihrem Schreibtisch rumlagen. Und kurz vor dem angekündigten Besuch von Cousine Lisa verschwinden alle herumliegenden Kleidungsstücke im Schrank.

Nutzen Sie also die Energie, wenn eine Abreise ansteht oder ein Besuch angekündigt ist. Intuitiv wollen wir nämlich unsere Wohnung ordentlich verlassen, etwa weil die Nachbarin zum Blumengießen kommt. Oder wir wollen Cousine Lisa in einer aufgeräumten Wohnung empfangen.

Der anstehende Termin setzt uns damit automatisch das Ende, bis zu dem wir fertig werden wollen. Ein solcher Termin hilft uns, unsere Arbeiten abzuschließen, uns nicht weiter zu verzetteln und das anvisierte Ziel zu erreichen.

Laden Sie also öfter jemanden zu sich ein oder stellen Sie sich eine Abreise an einem bestimmten Datum vor und bereiten Sie dann Ihre Wohnung so vor, wie

Sie sie verlassen oder einem lieben Gast präsentieren
wollen. Sie werden sehen, wie einfach sich alles fügt.
Damit Zeitungsstapel und Kleiderberge aber nicht
nur in Schubladen und Schränke gestopft werden, ist
eine vorhandene Ordnung mit System eine wichtige
Voraussetzung. Dies gilt für Bücher (Seite 38) und
den Kleiderschrank (Seite 48) ebenso wie für den
Schreibtisch (Seite 52).

50 Gleich aufräumen als gute Gewohnheit

Was wir wirklich jedem empfehlen können und was
wir selbst konsequent einhalten: Stellen Sie die Dinge,
die Sie gerade verwendet haben, an ihren Platz zurück, nachdem Sie sie nicht mehr brauchen, z. B. ein
Buch aus dem Bücherregal im Wohnzimmer, ein Topf
aus dem Schubfach in der Küche, eine Jacke aus dem
Schrank im Schlafzimmer. Heften Sie jeden geöffneten
Brief gleich in einem Ordner an der richtigen Stelle
ab oder entsorgen Sie ihn, wenn er nicht aufbewahrt
werden muss. Lassen Sie Dinge nicht herumliegen,
sondern bringen Sie sie an ihren angestammten Platz,
z. B. Schlüssel ans Schlüsselbrett, Gewürze in das dafür vorgesehene Fach im Küchenschrank, Altglas so
schnell wie möglich in den Container. Wenn Sie Dinge
konsequent wieder zurücklegen, finden Sie sie auch
leicht wieder, sobald Sie sie das nächste Mal verwenden wollen.

Mit dieser guten Gewohnheit schaffen Sie es, dass Ihre Wohnung immer aufgeräumt ist. Und es braucht nicht viel, sich dies wie das regelmäßige Zähneputzen anzugewöhnen. Ein bisschen Disziplin gehört freilich dazu.

Zuweilen muss erst noch der richtige Platz gefunden werden, z. B. für die Uhrensammlung oder ein besonderes Foto in einem schönen Rahmen, damit sie auch wirklich zur Geltung kommen. Auch das gehört zum Aufräumen mit System. Sie werden merken, es kann richtig Spaß machen, einen Blick dafür zu entwickeln, gute Plätze für schöne Dinge in Ihrer Wohnung zu finden.

Immer gleich aufzuräumen und schöne Plätze für die Dinge zu finden, die Ihnen wichtig sind, wird so zur Geheimformel, die Ihnen dabei hilft, dass Sie immer in einer harmonisch aufgeräumten Wohnung leben und sich darin wohlfühlen.

Service

Internetadressen

Alte Handys
www.handysfuerdieumwelt.de

Bücher, CDs und DVDs
www.momox.de

www.buchmaxe.de

www.werzahltmehr.de

Hausapotheke
www.onmeda.de

Kleidung verkaufen, tauschen und verschenken
www.kleiderkreisel.de

www.kleiderkorb.de

www.fashback.de

www.tauschgnom.de

Leihen www.kilenda.de
(für Babykleidung, Spielsachen, Umstandsmoden und Ausstattung)

www.fairleihen.de
(kostenlose und werbefreie Leihbörse in Berlin für Bücher, DVDs, CDs, Computer, Kameras, Fahrräder, Werkzeug, Spiele, Instrumente)

www.ich-war-eine-dose.de/sharing/leihen

www.nebenan.de
(Nachbarschaftsnetzwerk zum Aufbau sowie zur Pflege nachbarschaftlicher Beziehungen, für Privatpersonen kostenlos)

www.bauduu.de/
(Lego-Modelle im Abo ausleihen)

Reparieren/Upcycling
www.repaircafe.org/de

www.reparatur-initiativen.de

Schallplatten
www.popsike.com

Spenden
www.oxfam.de

www.buchspende.org

Tauschen, Teilen
www.dietauschboerse.de

www.nebenan.de

www.freecycle.org
(eine Website, über die man Gegenstände zur Abholung freigeben kann)

Verschenken
www.free-your-stuff.com/de
(ein kostenloser Online-Marktplatz für alle, die etwas zu verschenken haben oder geschenkt bekommen möchten. In sozialen Medien wie Facebook gibt es für so etwas auch für fast jede Region Deutschlands eine eigene Gruppe.)

Literatur/Quellen

Prof. Dr. C. M. Bamberger: **Die 50 besten Vergesslichkeits-Killer,** Stuttgart 2015

Unveröffentlichtes Interview mit Bettina Berghöfer, Analytische Kinder- und Jugendlichentherapeutin in München: **»Aufräumen mit Kindern und Erwachsenen«**

H. Griffey: **Endlich aufgeräumt.** Richtig ausmisten, organisieren und Dinge regeln, Hamburg 2016

H. Karutz u. a.: **Kursbuch Erste Hilfe,** München 2011

W. T. Küstenmacher: **Eine Handvoll Glück,** München 2013

W. T. Küstenmacher: **Entrümpeln.** Mein Übungsbuch für mehr Zufriedenheit & innere Ordnung, München 2016

Lü-shih Ch'un Ch'iu: **Enzyklopädie klassischer chinesischer Texte,** ca. 239 v. Chr. (Quelle: wikipedia)

B. Medele: **Leben statt kleben.** Loslassen, Ballast abwerfen und die Leichtigkeit des Seins wiederentdecken, Freyung 2011

M. von Münchhausen: **Entrümpeln mit dem inneren Schweinehund,** München 2006

C. Nussbaum: **Familien-Alltag sicher im Griff.** So meistern Sie das tägliche Chaos gelassen und souverän, München 2004

R. Pohle: **Das kann weg!** Loslassen. Aufräumen. Freiräume schaffen, München 2017

T. Ritter, C. Köpp: **Die Kunst des Aufräumens,** Hamburg 2010

S. Roth: **Einfach aufgeräumt!** In 24 Stunden mit der simplify®-Methode das Chaos besiegen, Frankfurt am Main 2007

Pressemitteilung der Bundesvereinigung Deutscher Apothekerverbände: **Frühjahrsputz für die Hausapotheke** (10.3.2010)

J. von Ribbeck: **Schnelle Hilfe für Kinder,** München 2006

S. Richter: **Nachbarn an der Nähmaschine,** SZ, 09.01.2015

P. Walsh: **Alles Zuviel!** Wie man sein Leben wieder in den Griff kriegt, Köln 2008

N. Weiß: **Familie Ordentlich.** Familienalltag entspannt im Griff. Ordnung halten, Freiräume schaffen, Hannover 2017

Vorschlag zur Ablagesystematik

Ordnung mit System heißt für Ihre Unterlagen eine klare Struktur, die die Ablage einfach macht. Ist sie einmal eingerichtet, geht sie schnell von der Hand. Hier ein Vorschlag, wie Sie Ihre Unterlagen physikalisch und in ähnlicher Weise auch auf Ihrem Computer gut sortiert ablegen können.

Für jede einzelne Person

Amtliche Dokumente:

- Kopien von Geburtsurkunden, Pässen, Heiratsurkunde und anderen wichtigen persönlichen Dokumenten (die Originale sind in einem Safe, wenn vorhanden, besser untergebracht) und eine Übersicht der Aufbewahrungsorte weiterer wichtiger Unterlagen, ebenso wie Adressen von Anwälten, Maklern usw.
- Meldebescheinigung
- Führerschein, Fahrerlaubnis
- ggf. Unterlagen zur Schwerbehinderung

Finanzen:

- Kontonummern und Bankunterlagen
- Bankkarten/Kreditkarten: Kartennummern, Notrufnummern im Fall des Verlusts oder Diebstahls

Rente:

- Sozialversicherungsunterlagen
- Rentenversicherungsbescheinigungen
- Private Rentenversicherung
- Finanzplanung/Geldanlagen

Steuer:
- Steuerbescheide der vergangenen Jahre
- Notizen, die das laufende Jahr betreffen
- Rechnungen für die kommende Steuererklärung (am besten in einer eigenen Steuermappe sammeln)
- Lohnsteuerbescheinigung

Versicherungen:
- Krankenversicherung
- Zusatzversicherung
- private Haftpflichtversicherung
- Hausratversicherung
- Familienversicherung
- Direktversicherung

Gesundheit:
- Impfungen, Impfpass, Impftermine
- Unterlagen über ärztliche Untersuchungen
- Notizen über Ihre persönliche Krankheitsgeschichte, ggf. unterteilt nach Kategorien (Blut, Operationen, Blutdruck, Mammografie, Knie, Venen, Augen usw.)

Mitgliedschaften/ Abonnements:
- Mitgliedsausweise und Unterlagen über Clubs, Museen, Vereine und Organisationen, denen Sie angehören. (Wenn es dazu sehr viele Unterlagen gibt, empfiehlt es sich, pro Verein jeweils eine eigene Mappe anzulegen.)
- Abonnements, die Sie beziehen

Bildung/Schule/ Ausbildung:
- Zeugnisse

Beruf/Arbeit:
- Gehaltsabrechnungen
- Arbeitsverträge
- Arbeitszeugnisse
- Zertifikate
- Agentur für Arbeit

**Notfallordner
(Vorsorgedokumente):**
- Vorsorgevollmacht
- Betreuungsverfügung
- Patientenverfügung
- Testament
- ggf. Bankvollmachten

Gemeinsame Unterlagen

Auto:
- Kfz-Brief, Kaufvertrag
- Rechnungen
- TÜV
- KfZ-Versicherung

Rechnungen:
- alle eingehenden Rechnungen, die Sie per Überweisung bezahlen müssen
- Rechnungen, die Sie per Dauerauftrag automatisch bezahlen, kommen gleich in die entsprechende Ablage – etwa unter dem jeweiligen Abonnement.

**Gebrauchsanweisungen/
Garantien:**
- Gebrauchsanweisungen (einschließlich Garantiescheinen bzw. Kassenbon) für alle im Haushalt tatsächlich vorhandenen Geräte, bei denen Sie sich nicht sicher sind, wie Sie sie bedienen, zentral in einem Ordner
- Kategorien im Ordner z.B.: »Küche« (Waschmaschine, Kühlschrank, Herd), »Büro« (Computer, Telefon), »Wohnzimmer« (TV, DVD-Player, Stereoanlage)

Wohnung/Haus:
- Mietvertrag/Kaufvertrag
- Nebenkostenabrechnungen

Haustiere:
- Untersuchungshefte
- Impfpässe

Urlaub/Freizeit:
- Ideen für das nächste Jahr
- Artikel über interessante Orte, die für Ihren nächsten Urlaub oder Ausflug infrage kommen
- Hoteladressen
- Kataloge
- Packliste

- Freizeitaktivitäten
- Ideen für Unternehmungen mit der ganzen Familie
- Ausstellungen
- Veranstaltungen
- Ausflugstipps
- ggf. Film- oder Theaterrezensionen

Liebe Leserin, lieber Leser,

hat Ihnen dieses Buch weitergeholfen? Für Anregungen, Kritik, aber auch für Lob sind wir offen. So können wir in Zukunft noch besser auf Ihre Wünsche eingehen. Schreiben Sie uns, denn Ihre Meinung zählt!

Ihr TRIAS Verlag

E-Mail-Leserservice
kundenservice@
trias-verlag.de

Lektorat TRIAS Verlag
Postfach 30 05 04
70445 Stuttgart
Fax: 0711 89 31-748

Rita Schilke arbeitet als Aufräumcoach in Berlin und ganz Deutschland(www.aufraeumcoach-berlin.de). Als Mutter eines Sohnes kennt sie die besonderen Herausforderungen des Familienlebens und unterstützt Erwachsene und Kinder dabei, in ihrem Zuhause ein befreites und harmonisches Umfeld zu schaffen.

Angelika Jürgens hat Germanistik, Geschichte und Sozialwissenschaften für das Lehramt an Gymnasien studiert und arbeitet nun in der IT-Branche. Sie räumt mit Begeisterung zu Hause regelmäßig auf und schafft Ordnung in ihrem Büro. Sie ist ausgebildete Mediatorin und gefragte Ratgeberin für Familien.

Bibliografische Information der Deutschen Nationalbibliothek
Die Deutsche Nationalbibliothek verzeichnet diese Publikation in der Deutschen Nationalbibliografie; detaillierte bibliografische Daten sind im Internet über http://dnb.d-nb.de abrufbar.

Programmplanung:
Katja Widmann
Redaktion: Ursula Brunn-Steiner, Vaihingen/Enz
Bildredaktion: Christoph Frick

Umschlaggestaltung und Layout: CYCLUS Visuelle Kommunikation, Stuttgart

Bildnachweis:
Umschlagfoto: Plain picture
Fotos im Innenteil:
stock.adobe.com, privat: S. 103

1. Auflage 2019

© 2019 TRIAS Verlag in Georg Thieme Verlag KG, ein Unternehmen der Thieme Gruppe, Rüdigerstraße 14, 70469 Stuttgart

Printed in Germany

Satz und Repro: Fotosatz Buck, Kumhausen
Gesetzt in: Adobe InDesign CS6
Druck: AZ Druck- und Datentechnik, Kempten

Gedruckt auf chlorfrei gebleichtem Papier

ISBN 978-3-432-10871-1

Auch erhältlich als E-Book:
eISBN (ePub) 978-3-432-10872-8

1 2 3 4 5 6

Besuchen Sie uns auf facebook!
www.facebook.com/ trias.tut.mir.gut

Lassen Sie sich inspirieren!
www.pinterest.com/ triasverlag